40 Minute

BIBLE STUDIES

40분 G.B.S. 시리즈

RISING TO THE CALL OF LEADERSHIP

JN422577

위대한 리더

어떻게 하나님의 마음에 합한 리더가 될 수 있나요?

케이 아더 · 데이빗 & BJ 로슨 공저
이선숙 역

PRECEPT MINISTRIES INTERNATIONAL

KAY ARTHUR
DAVID & BJ LAWSON

프리셉트

위대한 리더

– 어떻게 하나님의 마음에 합한 리더가 될 수 있나요?

RISING TO THE CALL OF LEADERSHIP

이 책은 ______________________ 의 소유입니다.

주　소 ______________________

전　화 ______________________ 휴대전화 ______________________

E-mail ______________________

RISING TO THE CALL OF LEADERSHIP
Published by WaterBrook Press
12265 Oracle Boulevard, Suite 200
Colorado Springs, Colorado 80921
A division of Random House, Inc.

Printed in Seoul, Korea

이 교재를 사용하는 방법

이 소그룹 성경공부는 성경이 말하는 바에 대해 더 배우기를 원하지만 시간이 제한된 사람들을 위한 것입니다. 예를 들어, 이 교재는 구역 성경공부 모임, 청년부 조별 모임, 직장에서 점심시간을 이용한 모임, 이른 아침에 모이는 조찬 모임, 가정에서 가지는 엄마들의 모임, 또는 소규모의 성인 주일학교 모임에 적합합니다. 또한 이 교재는 긴 시간 동안 모임을 가지는 전형적인 소그룹에도 적합합니다. 저녁 모임이나 토요일 아침 모임 등에서 함께 모여 실제적으로 이 교재를 가지고 공부하는 모임 시간은 40분 정도를 사용하고, 나머지 시간은 기도와 교제 및 기타 활동을 위해 할애하는 것도 좋습니다.

이 교재는 모임의 모든 참석자들이 함께 모여 각 과의 내용을 공부할 수 있도록 구성되었습니다.

한 가지 주제에 대하여 하나님의 말씀에서 얻은 통찰력을 가지고 함께 토론하면 삶에 지대한 영향을 미치는 흥미진진한 진리가 드러납니다.

그러나 여러분은 모임을 인도할 조장, 즉 토론을 이끌어나갈 사람을 필요로 할 것입니다(이 사람의 역할은 강사나 교사가 아닙니다. 그러나 이 교재가 주일학교나 그와 유사한 상황에서 사용된다면 교사는 좀 더 직접적으로 인도하고 각 해당 주일의 과에 제공해드린 내용보다 더 많은 통찰력을 제공해주면 좋을 것입니다).

만약 여러분이 이 성경공부 모임의 인도자라면 여러분의 역할을 좀 더 쉽게 감당하도록 돕는 몇 가지의 유용한 지침이 여기 있습니다.

- 모임을 인도하기 전에, 해당 과를 잘 살펴보고 본문에 표시를 해두십시오. 이렇게 하면 그 과의 내용을 잘 숙지할 수 있고, 모임을 훨씬 더 쉽게 인도할 수 있게 될 것입니다. 여러분이 중심 단어들을 색연필로 표시한다면, 모임 구성원들이 중심 단어 표시를 어떻게 할 것인지에 대해 본 교재에서 제공한 지침을 따르도록 안내하기가 좋을 것입니다.

- 여러분이 모임을 인도할 때, 교재 처음부터 시작하여 그 과에 배치된 순서대로 소리 내어 읽어보십시오. 'INSIGHT'는 과제 지침 전이나 후에, 혹은 여러분이 관찰하거나 토론 중에 나타나는데 그것도 나타나는 순서대로 소리 내어 읽으면 되겠습니다. 각 과를 다 함께 관찰하고 거기서 배운 내용을 서로 토론하십시오. 여러분이 성경 본문을 읽을 때 모임 구성원들이 본문에 표시해야 하는 단어를 찾으면, 그룹원들 모두 소리 내어 그 단어를 읽도록 하십시오.
- 토론 질문들은 여러분이 해당 과의 내용을 이해하는 데 도움을 주기 위한 것입니다. 모임이 토론으로 넘어갈 때, 많은 경우 여러분은 그룹원들이 그들 스스로 질문에 대한 답을 이해하고 있다는 사실을 발견하게 될 것입니다. 기억하십시오! 토론 질문은 토론을 경직되게 만드는 것이 아니라, 그 주제 속으로 그룹원들을 인도하기 위한 것입니다.
- 사람들이 질문에 대한 해답과 자신이 발견한 사실을 소리 내어 말하는 것이 얼마나 중요한 일인지를 기억하십시오. 이것은 해당 과의 내용에 대한 그들의 개인적인 이해를 증진시켜 줍니다. 모든 사람이 매주 토론에 참여할 기회가 많아지도록 인도하십시오.
- 토론이 활발히 진행되게 하십시오. 이것은 공부한 내용 중에서 다른 부분보다 어느 특정 부분에 더 많은 시간을 소비하게 됨을 의미할 수도 있습니다. 필요할 경우, 한 과를 여러 번으로 나누어 진행해도 됩니다. 그러나 너무 여러 번 나누어 진행하는 것은 좋지 않습니다. 사람들이 흥미를 잃을 정도의 지루한 토론보다는 모든 사람이 '조금 더 원하는' 정도로 진행하는 것이 훨씬 좋습니다.
- 만약 어떤 대답이 타당성이나 정확성에 있어서 의문점이 있다면, 여러분은 온유하고 유쾌하게 모인 사람들이 성경말씀의 진리에 초점을 맞추도록 상기시켜야 할 것입니다. 여러분의 목표는 인간의 철학에 빠져드는 것이 아니라, 성경이 무엇을 말하는지를 배우는 것입니다. 단순하게 성경말씀에 주의를 기울이고 하나님께 말씀하실 기회를 드리십시오. 하나님의 말씀은 진리입니다(요 17:17). 성경말씀을 읽으면서 모든 사람들에게 해답을 보여달라고 하나님께 기도하십시오.

위대한 리더

어떻게 하나님의 마음에 합한 리더가 될 수 있나요?

리더를 리더로 만드는 것은 무엇입니까? 다른 사람들은 그저 단순한 책임자에 불과할 때, 누군가는 리더가 됩니다. 그 이유는 무엇입니까?

마틴 루터 킹 주니어 박사는 이렇게 이야기합니다. "교회가 매우 강력한 힘을 가졌을 때가 있었습니다. 바로 초기 기독교인들이 그들의 믿음으로 인해 박해받는 것을 기쁨으로 여길 때였습니다. 그 당시 교회는 일반 대중들의 생각과 원칙을 그대로 보여주는 온도계가 아니라 대중을 변화시킬 수 있는 온도조절장치였습니다."[1)]

리더십에 있어서 온도계와 온도조절장치를 구분하는 것은 무엇입니까? 온도조절장치는 의제(agenda)를 정하고, 온도계는 단순히 있는 그대로를 반영합니다.

1) Martin Luther King Jr., "Letter from Birmingham Jail," 16 April 1963. Copyright ⓒ The Estate of Martin Luther King, Jr.

6 위대한 리더

킹 박사는 교회에 대해서 말했지만 사실 그 표현은 교회의 리더들에게도 적용될 수 있습니다.

리더가 된다는 것은 힘든 일입니다. 하지만 하나님은 우리를 리더로 부르셨습니다. 우리는 가정에서, 공동체에서, 교회에서 그리고 더 나아가 이 세상에서 리더로 부름 받았습니다.

하나님께서는 리더에게 무엇을 기대하십니까? 우연히 앞에 나서게 된 사람과 진정으로 능력 있는 리더는 어떤 차이가 있겠습니까? 하나님이 원하시는 리더가 되려면 어떻게 해야 합니까?

이제 하나님의 말씀을 통해 이러한 질문에 대한 답을 알아보려고 합니다. 성경에 기록된 4명의 리더를 살펴보면서 그들의 예를 통해 위대한 리더의 특징에 대한 강력한 통찰력을 얻게 될 것입니다. 또한 우리의 능력과 영향력을 잠식하는 함정에 대해서도 알게 될 것입니다.

이제 6과의 공부를 통해 리더로서 여러분에게 필요한 것을 깨닫기를 원합니다. 하나님께서는 진정한 리더를 필요로 하는 이 세상에서 우리가 성경의 권위와 힘을 가진 리더로 살아가기를 원하십니다.

제 1 과

리더가 직면하는 가장 큰 어려움은 누군가 규칙을 어기거나 리더의 권위에 도전할 때 어떻게 행동할지를 선택하는 것입니다. 이번 과에서는 이러한 상황에 직면했던 두 사람에 대해 알아보려고 합니다. 두 사람은 전혀 다른 방식으로 대응했습니다.

관찰

사사들의 시대가 끝나갈 무렵, 엘리는 실로에서 대제사장으로 섬겼습니다. 엘리의 아들, 홉니와 비느하스는 그 밑에서 제사장으로 일하고 있었습니다.

인도자: *사무엘상 2:12–17을 소리 내어 읽어보십시오.*

- *그룹원들에게* ***엘리의 아들들(the sons of Eli)*** *또는* ***제사장들(the priest's servant)****과 그 대명사 및 동의어가 등장할 때 큰 소리로 합창하고 대문자 P를 표시하라고 요청하십시오.*

성경을 읽을 때, 그룹원들에게 표시하는 핵심 단어를 큰 소리로 합창하게 하는 것이 도움이 됩니다. 이렇게 하면 모든 사람이 그 단어와 동의어 및 대명사를 하나도 빠짐없이 다 표시할 수 있습니다. 앞으로 계속 이러한 방식으로 인도하십시오.

사무엘상 2:12–17

12엘리의 아들들은 행실이 나
빠 여호와를 알지 못하더라

13그 제사장들이 백성에게
행하는 관습은 이러하니 곧
어떤 사람이 제사를 드리고
그 고기를 삶을 때에 제사장
의 사환이 손에 세 살 갈고
리를 가지고 와서

14그것으로 냄비에나 솥에나
큰 솥에나 가마에 찔러 넣어
갈고리에 걸려 나오는 것은
제사장이 자기 것으로 가지
되 실로에서 그 곳에 온 모
든 이스라엘 사람에게 이같
이 할 뿐 아니라

15기름을 태우기 전에도 제사
장의 사환이 와서 제사 드리
는 사람에게 이르기를 제사
장에게 구워 드릴 고기를 내
라 그가 네게 삶은 고기를 원
하지 아니하고 날 것을 원하
신다 하다가

16그 사람이 이르기를 반드시
먼저 기름을 태운 후에 네 마
음에 원하는 대로 가지라 하
면 그가 말하기를 아니라 지
금 내게 내라 그렇지 아니하
면 내가 억지로 빼앗으리라
하였으니

17이 소년들의 죄가 여호와
앞에 심히 큼은 그들이 여호
와의 제사를 멸시함이었더라

토론

- 12-13절의 생생한 묘사를 통해 볼 때 엘리의 아들들에 대해 무엇을 알 수 있습니까?

- 13-16절에 묘사된 엘리의 아들들의 행동을 간단하게 설명해보십시오. 이러한 행동으로 볼 때 그들의 인격은 어떠했겠습니까?

INSIGHT

레위기는 모세의 율법과 제사 제도에 대해 자세히 설명한다. 7장에서는 희생제물의 기름은 여호와께 속한 것이므로 번제로 드리라고 말한다. 레위기 10:14-15은 희생제물에 있어서 제사장의 몫을 분명하게 기록한다. 사무엘상 2장에 묘사된 행동들은 분명히 하나님의 가르침을 어기는 것이다.

- 16절에 의하면, 평범한 사람들도 제사장의 몫보다는 하나님의 몫을 먼저 드려야 한다는 것을 알고 있었습니다. 그러나 사람들이 율법을 어기는 것을 문제 삼자 엘리의 아들들은 어떻게 반응했습니까?

관찰

인도자: *사무엘상 2:22-25을 소리 내어 읽어보십시오. 그리고 다음의 작업을 하라고 요청하십시오.*

- ***엘리(Eli)**와 그 대명사에 대문자 E를 표시하십시오.*
- ***엘리의 아들들(Eli's sons)**과 그 대명사에 대문자 P를 표시하십시오.*

토론

- 본문을 통해 엘리에 대해 무엇을 알게 되었습니까?
- 엘리는 자신의 아들들에 대해 무슨 소리를 들었으며, 누구로부터 들었습니까?

INSIGHT

신명기 21:18-21에서 모세의 율법은 아버지가 완악하고 패역한 아들을 징계할 때 아들이 순종하지 않고 들으려고도 하지 않는다면 그를 성문에 있는 장로들에게 끌고 가라고 가르친다. 그러면 성읍의 모든 사람들이 그를 돌로 쳐죽여 그들 중에서 악을 제하게 했다.

사무엘상 2:22-25

22엘리가 매우 늙었더니 그
의 아들들이 온 이스라엘에
게 행한 모든 일과 회막 문에
서 수종 드는 여인들과 동침
하였음을 듣고

23그들에게 이르되 너희가
어찌하여 이런 일을 하느냐
내가 너희의 악행을 이 모든
백성에게서 듣노라

24내 아들들아 그리하지 말
라 내게 들리는 소문이 좋지
아니하니라 너희가 여호와의
백성으로 범죄하게 하는도다

25사람이 사람에게 범죄하면
하나님이 심판하시려니와 만
일 사람이 여호와께 범죄하
면 누가 그를 위하여 간구하
겠느냐 하되 그들이 자기 아
버지의 말을 듣지 아니하였
으니 이는 여호와께서 그들
을 죽이기로 뜻하셨음이더라

- 엘리는 아들들의 행동을 전해 듣고 어떻게 반응했습니까? 그의 반응은 효과가 있었습니까? 여러분의 대답을 설명해보십시오.

- 엘리는 이스라엘의 영적 리더이자 가장으로서 어떻게 행동했어야 합니까?

- 엘리의 아들들의 행동에 하나님은 어떻게 반응하셨습니까? 이것은 그 상황의 심각성에 대해 무엇을 보여줍니까?

- 엘리가 대제사장이자 가장으로서 보여준 리더십에 대해 무엇을 알게 되었습니까?

사무엘상 2:27-35

27하나님의 사람이 엘리에게 와서 그에게 이르되 여호와의 말씀에 너희 조상의 집이 애굽에서 바로의 집에 속하였을 때에 내가 그들에게 나타나지 아니하였느냐

관찰

엘리가 그 아들들의 행동을 제대로 다스리지 못하자 하나님께서는 익명의 전달자를 통해 그에게 가혹한 메시지를 보내셨습니다.

인도자: *사무엘상 2:27-35을 소리 내어 읽어보십시오. 다음 단어들이 등장할 때 그룹원들에게 큰 소리로 합창하고 다음의 표시를 하라고 요청하십시오.*

- ***엘리(Eli)***와 *그 대명사에 대문자* **E**를 *표시하십시오.*

- **하나님(God)**을 언급하는 말과 그 대명사 및 동의어에 세모△를 그리십시오.
- **마음(heart)**이라는 단어에 하트 모양♡을 그리십시오.

28이스라엘 모든 지파 중에
서 내가 그를 택하여 내 제사
장으로 삼아 그가 내 제단에
올라 분향하며 내 앞에서 에
봇을 입게 하지 아니하였느
냐 이스라엘 자손이 드리는
모든 화제를 내가 네 조상의
집에 주지 아니하였느냐

토론

- 29절에 의하면, 엘리의 잘못은 무엇입니까? 엘리가 아들들의 행동에 책임을 져야 하는 이유는 무엇입니까?

29너희는 어찌하여 내가 내
처소에서 명령한 내 제물과
예물을 밟으며 네 아들들을
나보다 더 중히 여겨 내 백성
이스라엘이 드리는 가장 좋
은 것으로 너희들을 살지게
하느냐

- 하나님께서 엘리에게 보낸 메시지를 통해서 어떠한 리더십의 원리를 배울 수 있습니까?

30그러므로 이스라엘의 하나
님 나 여호와가 말하노라 내
가 전에 네 집과 네 조상의
집이 내 앞에 영원히 행하리
라 하였으나 이제 나 여호와
가 말하노니 결단코 그렇게
하지 아니하리라 나를 존중
히 여기는 자를 내가 존중히
여기고 나를 멸시하는 자를
내가 경멸하리라

31보라 내가 네 팔과 네 조상
의 집 팔을 끊어 네 집에 노
인이 하나도 없게 하는 날이
이를지라

32이스라엘에게 모든 복을
내리는 중에 너는 내 처소의
환난을 볼 것이요 네 집에 영
원토록 노인이 없을 것이며

33내 제단에서 내가 끊어 버
리지 아니할 네 사람이 네 눈
을 쇠잔하게 하고 네 마음을
슬프게 할 것이요 네 집에서
출산되는 모든 자가 젊어서
죽으리라

• 하나님의 사람은 이스라엘의 제사장권에 어떤 일이 일어날지 자세히 말합니다. 엘리의 가족을 위해 예언된 결과를 설명해보십시오.

• 35절에서는 이전 구절과 대조되는 내용이 나옵니다. 34–35절은 어떤 대조를 이룹니까? 이것이 중요한 이유는 무엇입니까?

34네 두 아들 홉니와 비느하
스가 한 날에 죽으리니 그 둘
이 당할 그 일이 네게 표징이
되리라

• 마음이라는 단어에 표시를 하면서 무엇을 배웠습니까? 이것은 하나님께서 리더에게 무엇을 기대하심을 나타냅니까?

35내가 나를 위하여 충실한
제사장을 일으키리니 그 사
람은 내 마음, 내 뜻대로 행
할 것이라 내가 그를 위하여
견고한 집을 세우리니 그가
나의 기름 부음을 받은 자 앞
에서 영구히 행하리라

관찰

엘리의 아들들이 하나님의 뜻을 거스르며 반역했음에도 불구하고 대제사장은 사무엘을 기를 책임을 맡았습니다. 사무엘은 그 어머니가 하나님께 바친 아이였습니다. 하나님은 결국 사무엘을 그 백성의 예언자로 부르셨습니다. 사무엘이 초기에 하나님과 나눈 사적인 대화를 간단히 살펴보겠습니다.

사무엘상 3:11-14

11여호와께서 사무엘에게 이르시되 보라 내가 이스라엘 중에 한 일을 행하리니 그것을 듣는 자마다 두 귀가 울리리라

12내가 엘리의 집에 대하여 말한 것을 처음부터 끝까지 그 날에 그에게 다 이루리라

13내가 그의 집을 영원토록 심판하겠다고 그에게 말한 것은 그가 아는 죄악 때문이니 이는 그가 자기의 아들들이 저주를 자청하되 금하지 아니하였음이니라

14그러므로 내가 엘리의 집에 대하여 맹세하기를 엘리 집의 죄악은 제물로나 예물로나 영원히 속죄함을 받지 못하리라 하였노라 하셨더라

인도자: *사무엘상 3:11-14을 소리 내어 읽어보십시오. 다음 단어들이 등장할 때 그룹원들에게 큰 소리로 합창하고 다음의 표시를 하라고 요청하십시오.*

- ***여호와(the Lord)****와 그 대명사에 세모△를 그리십시오.*
- ***엘리(Eli)****와 그 대명사에 대문자* **E***를 표시하십시오.*

토론

- 하나님께서 사무엘에게 주신 메시지와 그 메시지를 통해 분명히 하고 있는 내용은 무엇입니까?

- 엘리는 그의 아들들처럼 형편없는 제사장은 아니었지만 책임을 맡은 사람이었습니다. 본문에 의하면, 엘리는 어떤 면에서 가장이자 제사장으로서 실패했습니까?

관찰

하나님께서 사무엘을 통해 메시지를 전달하신 후, 엘리와 그의 아들들은 오래 살지 못했습니다. 홉니와 비느하스는 결국 전쟁터에서 죽임을 당했습니다. 그 전쟁에서 블레셋이 언약궤를 빼앗았고, 엘리는 그 소식을 듣자마자 죽었습니다. 그의 후손들은 3대에 걸쳐 제사장으로 섬겼습니다. 그 후 제사장 직분은 아론의 아들 엘르아살의 자손인 사독에게로 옮겨갔고 이스라엘의 제사장직은 그 후손을 통해 이어집니다. 사무엘이 예언하고 그것이 성취되기까지 대략 130년이 걸렸습니다.

인도자: *사무엘상 3:15-20을 소리 내어 읽어보십시오. 그리고 다음의 작업을 하라고 요청하십시오.*

- ***사무엘(Samuel)**과 그 대명사에 직사각형 네모 ▭를 그리십시오.*
- ***이스라엘(Israel)**과 그 대명사에 별 모양 ✡을 그리십시오.*

토론

- 사무엘과 그 대명사에 표시를 하면서 무엇을 배웠습니까?

사무엘상 3:15-20

15사무엘이 아침까지 누웠다
가 여호와의 집의 문을 열었
으나 그 이상을 엘리에게 알
게 하기를 두려워하더니

16엘리가 사무엘을 불러 이르
되 내 아들 사무엘아 하니 그
가 대답하되 내가 여기 있나
이다 하니 그가

17이르되 네게 무엇을 말씀하
셨느냐 청하노니 내게 숨기
지 말라 네게 말씀하신 모든
것을 하나라도 숨기면 하나
님이 네게 벌을 내리시고 또
내리시기를 원하노라 하는
지라

18사무엘이 그것을 그에게 자
세히 말하고 조금도 숨기지
아니하니 그가 이르되 이는
여호와이시니 선하신 대로
하실 것이니라 하니라

19사무엘이 자라매 여호와께
서 그와 함께 계셔서 그의 말
이 하나도 땅에 떨어지지 않
게 하시니

- 사무엘은 어렸고 자신이 본 환상에 대해 스승에게 말하기를 두려워했습니다. 엘리가 그에게 말했을 때 그는 어떻게 반응했습니까? 이를 통해 그의 인물됨과 리더로서의 자질에 대해 무엇을 알 수 있습니까?

20단에서부터 브엘세바까지
의 온 이스라엘이 사무엘은
여호와의 선지자로 세우심을
입은 줄을 알았더라

- 엘리는 사무엘이 들은 말씀이 어디로부터 온 것임을 깨달았습니까?

- 사무엘이 하나님의 대변인이라는 사실을 증명하는 것은 무엇입니까? 사무엘이 하나님의 예언자임을 깨달은 사람은 누구입니까?

여호수아 1:6-9

6강하고 담대하라 너는 내가
그들의 조상에게 맹세하여
그들에게 주리라 한 땅을 이
백성에게 차지하게 하리라

관찰

우리는 지금까지 엘리와 사무엘의 리더십에 용기가 어떠한 영향을 미치는지 살펴보았습니다. 이번 과의 공부를 마치면서 하나님께서 리더에게 용기가 얼마나 중요한지에 대해 말씀하신 부분을 살펴보려고 합니다. 이 본문은 모세가 죽은 후 여호수아가 이스라엘의 지도자로 설 때 그에게 주신 가르침입니다.

인도자: *여호수아 1:6–9을 소리 내어 읽어보십시오. 그룹원들에게 다음의 작업을 하라고 요청하십시오.*

- ***강하고 담대하라**(be strong and courageous)는 구절에 구불구불한 밑줄 ﹏﹏ 을 그리십시오.*
- ***너**(you, your)와 같은 여호수아를 가리키는 대명사에 동그라미◯를 그리십시오.*
- ***형통**(success)이라는 단어에 느낌표 ! 를 그리십시오.*

토론

- 강하고 담대하라는 구절에 표시를 하면서 무엇을 배웠습니까? 그것은 누가 명령한 것입니까?
- 본문에 의하면, 여호수아가 리더로서 성공하기 위해서는 어떻게 해야 합니까?
- 성공과 용기의 연결점을 지지해주는 증거는 무엇입니까? 오늘날 리더는 어디에서 용기를 얻을 수 있습니까? 여러분의 대답을 나누어보십시오.

7오직 강하고 극히 담대하여
나의 종 모세가 네게 명령한
그 율법을 다 지켜 행하고 우
로나 좌로나 치우치지 말라
그리하면 어디로 가든지 형
통하리니

8이 율법책을 네 입에서 떠
나지 말게 하며 주야로 그것
을 묵상하여 그 안에 기록된
대로 다 지켜 행하라 그리하
면 네 길이 평탄하게 될 것이
며 네가 형통하리라

9내가 네게 명령한 것이 아
니냐 강하고 담대하라 두려
워하지 말며 놀라지 말라 네
가 어디로 가든지 네 하나님
여호와가 너와 함께 하느니
라 하시니라

마 무 리

엘리와 사무엘의 삶을 살펴보면서 우리는 능력 있는 지도자라면 옳은 일을 해야 할 뿐만 아니라 다른 사람들도 옳은 일을 하도록 독려해야 한다는 사실을 배웠습니다. 이렇게 하기 위해서는 용기가 필요합니다.

엘리는 아들 문제에 있어서 용기와 힘을 보여주지 못했습니다. 그는 아들들이 하나님의 백성을 섬기는 사역보다 자신들의 이기적인 욕구를 앞세우는 것을 알면서도 그들을 바르게 훈육하는 데 실패했습니다. 그는 아들들의 죄악된 행동이 백성들의 영적 건강을 해치도록 방치했습니다.

반대로 사무엘은 엘리에게 전하기 어려운 메시지를 전하며 큰 용기를 보여줍니다. 그는 자신의 스승을 거역하는 위험을 감수하면서 하나님의 말씀에 순종하였습니다. 사무엘은 스승 엘리와 매우 가까운 관계였지만 용기 있게 스승 앞에 서서 전 국가의 죄악 앞에 당당히 맞섰습니다.

능력 있는 리더십에는 반드시 용기가 필요합니다. 용기는 두려움이 없는 상태가 아니라 두려운 상황에서도 옳은 일을 하려는 의지입니다. 또한 용기는 우리가 가장 가까운 사람들에게도 하나님의 말씀으로 맞설 수 있도록 힘을 줍니다. 그렇다면 이러한 용기는 어디에서 얻는 것입니까? 바로 하나님과 친밀하게 동행할 때 얻을 수 있습니다. 계속되는 공부를 통해 이것에 대해 알아보도록 하겠습니다.

이제는 여러분 스스로에게 이렇게 질문해보십시오. 여러분은 하나님께서 여러분을 어느 곳에 두시든지 순종하며 용기 있게 사람들을 이끌겠습니까?

제 2 과

지난 과에서는 엘리와 사무엘의 삶을 통해 능력 있는 지도자가 되려면 힘과 용기가 필요함을 배웠습니다. 이제 사무엘의 삶을 깊이 파고들어가 그가 보여준 용기의 근원과 리더십에 도전 받았을 때 대처하는 모습을 살펴보도록 하겠습니다. 공부를 계속하면서 이 원리들이 여러분에게 어떻게 적용될 수 있는지 묵상해보십시오. 하나님은 여러분의 어떤 능력 때문에 여러분을 리더로 부르셨다고 생각합니까? 이러한 진리가 여러분이 리더의 역할을 감당하는 데 어떠한 도움을 줄 수 있겠습니까?

관찰

엘리가 죽고 난 후 처음으로 공식 임무를 수행하는 자리에서 사무엘은 백성들에게 하나님을 향한 그들의 충성심을 증명해보라고 도전합니다. 이방신을 버리고 그들의 안전과 구원을 위해 오직 하나님만 의지하라고 촉구합니다.

인도자: *사무엘상 7:3-6을 소리 내어 읽어보십시오. 그룹원들에게 다음의 작업을 하라고 요청하십시오.*

- **사무엘(Samuel)***과 그 대명사에 직사각형 네모* □ *를 그리십시오.*
- **마음(heart)***이라는 단어에 하트 모양*♡*을 그리십시오.*
- **이스라엘 온 족속(the house of Israel)** *또는* **이스라엘 자손(the sons of Israel)***과 그 대명사에 별 모양*✡ *을 그리십시오.*

사무엘상 7:3-6

3사무엘이 이스라엘 온 족속
에게 말하여 이르되 만일 너
희가 전심으로 여호와께 돌
아오려거든 이방 신들과 아
스다롯을 너희 중에서 제거
하고 너희 마음을 여호와께
로 향하여 그만을 섬기라 그
리하면 너희를 블레셋 사람
의 손에서 건져내시리라

4이에 이스라엘 자손이 바알
들과 아스다롯을 제거하고
여호와만 섬기니라

5사무엘이 이르되 온 이스라
엘은 미스바로 모이라 내가
너희를 위하여 여호와께 기
도하리라 하매

6그들이 미스바에 모여 물을
길어 여호와 앞에 붓고 그 날
종일 금식하고 거기에서 이
르되 우리가 여호와께 범죄
하였나이다 하니라 사무엘이
미스바에서 이스라엘 자손을
다스리니라

토론

- 3절 말씀에서 사무엘이 이스라엘 백성들에게 명령한 4가지 일은 무엇입니까?
- 그들이 순종하면 어떤 일이 일어날 것이라고 말합니까?
- 이스라엘 백성들은 사무엘의 명령에 어떻게 반응했습니까?
- 사무엘이 이스라엘 백성들을 미스바에 모았을 때 무슨 일이 일어났는지 간단하게 설명해보십시오.
- 본문에서 사무엘이 보여주는 리더십의 원리에 대한 여러분의 의견을 나누어보십시오. 여러분이 리더로서 섬길 때 이러한 원리를 어떻게 적용시킬지도 함께 나누어보십시오.

관찰

인도자: *사무엘상 7:7–11을 소리 내어 읽어보십시오. 그룹원들에게 다음의 작업을 하라고 요청하십시오.*

- **이스라엘(Israel)**과 *그 대명사 및 동의어에 별 모양✡을 그리십시오.*
- **사무엘(Samuel)**과 *그 대명사에 직사각형 네모 □를 그리십시오.*
- **여호와(the Lord)**와 *그 대명사에 세모△를 그리십시오.*

토론

- 이스라엘 백성들이 미스바에 모여 회개하며 기도할 때 블레셋 방백들이 쳐들어왔습니다. 이스라엘 백성들은 어떻게 반응했으며 사무엘에게 무엇을 하라고 요구했습니까?

INSIGHT

여기서 여호와께 부르짖어(cry to the Lord)라는 말은 기도한다(pray)라는 말과 동의어이다.

사무엘상 7:7–11

7이스라엘 자손이 미스바에
모였다 함을 블레셋 사람들
이 듣고 그들의 방백들이 이
스라엘을 치러 올라온지라
이스라엘 자손들이 듣고 블
레셋 사람들을 두려워하여

8이스라엘 자손이 사무엘에
게 이르되 당신은 우리를 위
하여 우리 하나님 여호와께
쉬지 말고 부르짖어 우리를
블레셋 사람들의 손에서 구
원하시게 하소서 하니

9사무엘이 젖 먹는 어린 양
하나를 가져다가 온전한 번
제를 여호와께 드리고 이스
라엘을 위하여 여호와께 부
르짖으매 여호와께서 응답하
셨더라

10사무엘이 번제를 드릴 때에
블레셋 사람이 이스라엘과
싸우려고 가까이 오매 그 날
에 여호와께서 블레셋 사람
에게 큰 우레를 발하여 그들
을 어지럽게 하시니 그들이
이스라엘 앞에 패한지라

INSIGHT

레위기 1-7장은 모세 율법이 요구하는 다양한 희생제물에 대해 자세히 설명한다. 여기서 온전한 번제(*whole burnt offering*)라는 말은 제사를 드리는 사람이 온전히 하나님께 헌신했음을 상징하는 제사를 가리킨다.

- 사무엘이 행한 일은 무엇이며 이를 통해 리더십에 대해 무엇을 배웠습니까?

11이스라엘 사람들이 미스바
에서 나가서 블레셋 사람들
을 추격하여 벧갈 아래에 이
르기까지 쳤더라

- 10절에 '*여호와께서*'(*but the Lord*)라는 구절이 있습니다. 성경에서 이와 같은 구절은 하나님께서 놀라운 일을 하시려 한다는 표시입니다. 하나님께서 무슨 일을 하셨으며 그 결과는 어떠했습니까?

관찰

블레셋 사람들은 이스라엘 백성들이 미스바에서 성회로 모인다는 소식을 듣고 공격합니다. 하지만 하나님께서는 놀라운 능력으로 그들을 물리치십니다. 사무엘은 이 놀라운 승리를 기념하기 위해 *에벤에셀*이라는 기념비를 건립합니다. 에벤에셀이란 '하나님의 도움의 돌'이라는 뜻입니다.

인도자: *사무엘상 7:12-14을 소리 내어 읽어보십시오. 다음 단어들이 등장할 때 그룹원들에게 큰 소리로 합창하고 다음의 표시를 하라고 요청하십시오.*

- **사무엘(Samuel)**을 *언급하는 말에 직사각형 네모* ☐ *를 그리십시오.*
- **블레셋 사람들(the Philistines)**과 *그 대명사에 밑줄* ______ *을 그으십시오.*

토론

- 사무엘은 블레셋 사람들을 무찌를 때 누구를 신뢰했습니까?
- 사무엘은 왜 그러한 행동을 했으며 그것이 상징하는 바는 무엇입니까?
- 본문을 통해 블레셋에 대해 무엇을 배웠습니까?
- 본문을 통해 사무엘의 리더십에 대해 무엇을 배웠습니까? 사무엘의 영향력은 어느 정도였습니까? 여러분의 대답을 설명해보십시오.

사무엘상 7:12-14

12사무엘이 돌을 취하여 미스바와 센 사이에 세워 이르되 여호와께서 여기까지 우리를 도우셨다 하고 그 이름을 에벤에셀이라 하니라

13이에 블레셋 사람들이 굴복하여 다시는 이스라엘 지역 안에 들어오지 못하였으며 여호와의 손이 사무엘이 사는 날 동안에 블레셋 사람을 막으시매

14블레셋 사람들이 이스라엘에게서 빼앗았던 성읍이 에그론부터 가드까지 이스라엘에게 회복되니 이스라엘이 그 사방 지역을 블레셋 사람들의 손에서 도로 찾았고 또 이스라엘과 아모리 사람 사이에 평화가 있었더라

사무엘상 8:1–10

1사무엘이 늙으매 그의 아
들들을 이스라엘 사사로 삼
으니

2장자의 이름은 요엘이요 차
자의 이름은 아비야라 그들
이 브엘세바에서 사사가 되
니라

3그의 아들들이 자기 아버지
의 행위를 따르지 아니하고
이익을 따라 뇌물을 받고 판
결을 굽게 하니라

4이스라엘 모든 장로가 모여
라마에 있는 사무엘에게 나
아가서

관찰

인도자: *사무엘상 8:1–10을 소리 내어 읽어보십시오. 그룹원들에게 다음의 작업을 하라고 요청하십시오.*

- **사무엘(Samuel)**과 그 대명사에 직사각형 네모 ▭ 를 그리십시오.
- **이스라엘(Israel)**과 그 대명사 및 동의어에 별 모양✡을 그리십시오.
- **여호와(the Lord)**와 그 대명사에 세모△를 그리십시오.

토론

- 본문을 통해 사무엘과 그의 아들들에 대해 무엇을 배웠습니까?

- 이스라엘 백성들이 요구한 것은 무엇입니까? 백성들이 우려한 이유와 그들이 내세운 논리는 무엇인지 토론해보십시오.

• 사무엘은 백성들의 요구를 듣고 어떻게 생각했습니까? 그가 취한 행동은 무엇입니까?

5그에게 이르되 보소서 당신
은 늙고 당신의 아들들은 당
신의 행위를 따르지 아니하
니 모든 나라와 같이 우리에
게 왕을 세워 우리를 다스리
게 하소서 한지라

6우리에게 왕을 주어 우리를
다스리게 하라 했을 때에 사
무엘이 그것을 기뻐하지 아
니하여 여호와께 기도하매

• 사무엘의 우려에 하나님은 어떻게 반응하십니까? 하나님은 사무엘에게 무엇을 하라고 명하십니까?

7여호와께서 사무엘에게 이
르시되 백성이 네게 한 말을
다 들으라 이는 그들이 너를
버림이 아니요 나를 버려 자
기들의 왕이 되지 못하게 함
이니라

8내가 그들을 애굽에서 인도
하여 낸 날부터 오늘까지 그
들이 모든 행사로 나를 버리
고 다른 신들을 섬김 같이 네
게도 그리하는도다

• 사무엘은 하나님의 명령에 어떻게 반응했습니까? 리더로서 그의 인격은 어떠합니까?

9그러므로 그들의 말을 듣되
너는 그들에게 엄히 경고하
고 그들을 다스릴 왕의 제도
를 가르치라

• 사무엘과 하나님의 관계를 통해 우리가 배울 수 있는 리더십의 원리는 무엇입니까?

10사무엘이 왕을 요구하는 백
성에게 여호와의 모든 말씀
을 말하여

사무엘상 8:19–22

19백성이 사무엘의 말 듣기를
거절하여 이르되 아니로소이
다 우리도 우리 왕이 있어야
하리니

관찰

인도자: *사무엘상 8:19–22을 소리 내어 읽어보십시오. 그리고 다음의 작업을 하라고 요청하십시오.*

- ***이스라엘 백성들(the people of Israel)**과 그 대명사 및 동의어에 별 모양✡을 그리십시오.*
- ***사무엘(Samuel)**과 그 대명사에 직사각형 네모 ▭ 를 그리십시오.*

토론

- 본문을 통해 이스라엘 백성들에 대해 무엇을 배웠습니까?

INSIGHT

이스라엘 백성들의 요구는 왕을 세워 '다른 나라들 같이 되는 것'(삼상 8:20)이었다. 그러나 하나님은 이스라엘 백성들을 다른 나라들과 구별하기 위하여 부르셨다(레 20:26; 신 7:6 참조). 이스라엘은 이스라엘과 하나님의 직접적인 관계로 인해 다른 나라들과 구분되었으나 이스라엘 백성들이 왕을 요구하면서 하나님의 직접적인 통치와 그들이 받을 특별한 유산을 거절한 꼴이 되고 말았다.

- 백성들이 왕의 통치를 요구한 이유는 무엇입니까? 이를 통해 볼 때, 그들의 믿음은 어떠합니까?

- 백성들의 요구를 듣고 사무엘은 무엇을 했습니까? 사무엘의 믿음과 백성들의 믿음은 어떻게 다릅니까?

20우리도 다른 나라들 같이
되어 우리의 왕이 우리를 다
스리며 우리 앞에 나가서 우
리의 싸움을 싸워야 할 것이
니이다 하는지라

21사무엘이 백성의 말을 다
듣고 여호와께 아뢰매

22여호와께서 사무엘에게 이
르시되 그들의 말을 들어 왕
을 세우라 하시니 사무엘이
이스라엘 사람들에게 이르되
너희는 각기 성읍으로 돌아
가라 하니라

• 사무엘의 반응과 여러분이 다른 사람들로부터 압력을 받을 때 보이는 반응을 비교해보십시오. 본문을 통해 여러분의 리더십 하에 있는 사람들의 요구를 다루는 데 있어서 어떠한 원리를 발견할 수 있습니까?

사무엘상 12:1–5

1사무엘이 온 이스라엘에게 이르되 보라 너희가 내게 한 말을 내가 다 듣고 너희 위에 왕을 세웠더니

2이제 왕이 너희 앞에 출입하느니라 보라 나는 늙어 머리가 희어졌고 내 아들들도 너희와 함께 있느니라 내가 어려서부터 오늘까지 너희 앞에 출입하였거니와

관찰

하나님은 사무엘에게 이스라엘의 첫 번째 왕을 지명하라고 명령하셨습니다. 사무엘은 자신의 통제권을 넘겨주면서 마지막 연설을 합니다. 그는 이 연설에서 백성들에게 역사와 그들의 의무와 자신이 보여준 일관성 있는 삶의 본을 기억하라고 이야기합니다.

인도자: *사무엘상 12:1–5을 소리 내어 읽어보십시오. 그리고 다음의 작업을 하라고 요청하십시오.*

- **사무엘(Samuel)**과 그 대명사에 직사각형 네모 ☐를 그리십시오.
- **증언(witness)**이라는 단어에 대문자 W를 표시하십시오.

토론

- 사무엘과 그 대명사에 표시를 하면서 무엇을 배웠습니까? 그는 인생의 어떤 시점에서 이 연설을 합니까?

- 사무엘이 가진 리더로서의 인격에 대해 무엇을 배웠습니까?

- 사무엘의 리더십과 여러분의 지도를 받는 사람들이 여러분의 리더십에 대해 내리는 평가를 예상하여 비교해보십시오.

3내가 여기 있나니 여호와
앞과 그의 기름 부음을 받은
자 앞에서 내게 대하여 증언
하라 내가 누구의 소를 빼앗
았느냐 누구의 나귀를 빼앗
았느냐 누구를 속였느냐 누
구를 압제하였느냐 내 눈을
흐리게 하는 뇌물을 누구의
손에서 받았느냐 그리하였으
면 내가 그것을 너희에게 갚
으리라 하니

4그들이 이르되 당신이 우리
를 속이지 아니하였고 압제
하지 아니하였고 누구의 손
에서든지 아무것도 빼앗은
것이 없나이다 하니라

5사무엘이 백성에게 이르되
너희가 내 손에서 아무것도
찾아낸 것이 없음을 여호와
께서 너희에게 대하여 증언
하시며 그의 기름 부음을 받
은 자도 오늘 증언하느니라
하니 그들이 이르되 그가 증
언하시나이다 하니라

사무엘상 12:7–17

7그런즉 가만히 서 있으라 여호와께서 너희와 너희 조상들에게 행하신 모든 공의로운 일에 대하여 내가 여호와 앞에서 너희와 담론하리라

8야곱이 애굽에 들어간 후 너희 조상들이 여호와께 부르짖으매 여호와께서 모세와 아론을 보내사 그 두 사람으로 너희 조상들을 애굽에서 인도해 내어 이 곳에 살게 하셨으나

9그들이 그들의 하나님 여호와를 잊은지라 여호와께서 그들을 하솔 군사령관 시스라의 손과 블레셋 사람들의 손과 모압 왕의 손에 넘기셨더니 그들이 저희를 치매

관찰

사무엘은 이스라엘 백성들을 향한 자신의 리더십에 대해 간략하게 말한 후 역사의 교훈에 대해 이야기합니다.

인도자: *사무엘상 12:7–17을 소리 내어 읽어보십시오. 다음 단어들이 등장할 때 그룹원들에게 큰 소리로 합창하고 다음의 표시를 하라고 요청하십시오.*

- ***여호와(the Lord)****와 그 대명사에 세모△를 그리십시오.*
- ***백성들(the people)****과* ***너희 조상들(your fathers)****을 언급하는 말과 그 대명사에 별 모양✡을 그리십시오.*

토론

- 하나님이 그 백성을 위해 행하신 모든 일을 살펴보고 토론해보십시오.

- 이스라엘이 패배한 이유는 무엇이며 그때마다 그들은 어떻게 반응했습니까?

- 이스라엘 백성들이 왕을 요구한 것은 자신들의 지도자로서 누구를 거부한 것입니까?

10백성이 여호와께 부르짖어
이르되 우리가 여호와를 버
리고 바알들과 아스다롯을
섬김으로 범죄하였나이다 그
러하오나 이제 우리를 원수
들의 손에서 건져내소서 그
리하시면 우리가 주를 섬기
겠나이다 하매

11여호와께서 여룹바알과 베
단과 입다와 나 사무엘을 보
내사 너희를 너희 사방 원수
의 손에서 건져내사 너희에
게 안전하게 살게 하셨거늘

12너희가 암몬 자손의 왕 나하
스가 너희를 치러 옴을 보고
너희의 하나님 여호와께서는
너희의 왕이 되심에도 불구
하고 너희가 내게 이르기를
아니라 우리를 다스릴 왕이
있어야 하겠다 하였도다

13이제 너희가 구한 왕, 너희
가 택한 왕을 보라 여호와께
서 너희 위에 왕을 세우셨느
니라

14너희가 만일 여호와를 경외
하여 그를 섬기며 그의 목소
리를 듣고 여호와의 명령을
거역하지 아니하며 또 너희
와 너희를 다스리는 왕이 너
희의 하나님 여호와를 따르
면 좋겠지마는

15너희가 만일 여호와의 목
소리를 듣지 아니하고 여호
와의 명령을 거역하면 여호
와의 손이 너희의 조상들을
치신 것 같이 너희를 치실
것이라

• 이스라엘 백성들의 완악함에도 불구하고 하나님은 14-15절에서 사무엘을 통해 어떤 약속을 주십니까?

• 16–17절에 나오는 사무엘의 선포를 설명해보십시오. 그는 무슨 일이 이루어지기를 바라며, 그 이유는 무엇입니까?

16너희는 이제 가만히 서서
여호와께서 너희 목전에서
행하시는 이 큰 일을 보라

17오늘은 밀 베는 때가 아니
냐 내가 여호와께 아뢰리니
여호와께서 우레와 비를 보
내사 너희가 왕을 구한 일 곧
여호와의 목전에서 범한 죄
악이 큼을 너희에게 밝히 알
게 하시리라

관찰

인도자: *사무엘상 12:18–25을 소리 내어 읽어보십시오. 그리고 다음의 작업을 하라고 요청하십시오.*

- **백성들(the people)***과 그 대명사에 별 모양* ✡ *을 그리십시오.*
- **사무엘(Samuel)***과 그 대명사에 직사각형 네모* □ *를 그리십시오.*

사무엘상 12:18–25

18이에 사무엘이 여호와께 아
뢰매 여호와께서 그 날에 우
레와 비를 보내시니 모든 백
성이 여호와와 사무엘을 크
게 두려워하니라

19모든 백성이 사무엘에게 이
르되 당신의 종들을 위하여
당신의 하나님 여호와께 기
도하여 우리가 죽지 않게 하
소서 우리가 우리의 모든 죄
에 왕을 구하는 악을 더하였
나이다

20사무엘이 백성에게 이르
되 두려워하지 말라 너희가
과연 이 모든 악을 행하였
으나 여호와를 따르는 데에
서 돌아서지 말고 오직 너
희의 마음을 다하여 여호와
를 섬기라

21돌아서서 유익하게도 못하
며 구원하지도 못하는 헛된
것을 따르지 말라 그들은 헛
되니라

22여호와께서는 너희를 자기
백성으로 삼으신 것을 기뻐
하셨으므로 여호와께서는 그
의 크신 이름을 위해서라도
자기 백성을 버리지 아니하
실 것이요

토론

- 곡식을 수확하는 시기에는 전혀 볼 수 없던 우레와 비가 내리자 백성들은 어떻게 반응했습니까?
- 백성들은 사무엘에게 구체적으로 무엇을 요구했습니까? 사무엘은 어떻게 반응했습니까?

• 본문을 통해 하나님의 어떤 성품이 드러납니까?

• 사무엘이 보여주는 리더십의 자질은 무엇입니까? 23절을 묵상해보고 여러분의 대답을 설명해보십시오.

23나는 너희를 위하여 기도
하기를 쉬는 죄를 여호와 앞
에 결단코 범하지 아니하고
선하고 의로운 길을 너희에
게 가르칠 것인즉

24너희는 여호와께서 너희를
위하여 행하신 그 큰 일을 생
각하여 오직 그를 경외하며
너희의 마음을 다하여 진실
히 섬기라

25만일 너희가 여전히 악을
행하면 너희와 너희 왕이 다
멸망하리라

마 무 리

우리는 사무엘의 삶에서 많은 리더십의 원리를 발견했습니다.
사무엘 리더십의 중요한 특징 중 한 가지는 그가 적극적인 기도의 삶을 살았다는 점입니다. 이것은 영성 있는 리더에게 가장 우선되어야 할 특징입니다. 이번 과에서 우리가 살펴본 성경말씀 전체에서 사무엘이 수시로 하나님께 말하는 모습을 볼 수 있었습니다. 그는 하나님의 인도하심을 구하며 하나님의 반응을 기다렸으며 순종했습니다. 또한 이스라엘 백성들을 위해 중보했습니다.
우리는 사무엘이 일생을 일관성 있게 백성들을 이끄는 모습을 보았습니다. 심지어 그의 지도를 받던 사람들이 어리석은 요구를 할 때도 그는 일관된 리더의 모습을 지켰습니다. 어리석은 요구를 하는 백성들에게 화를 내거나 그들의 요구에 끌려가지 않고 곧바로 하나님께 달려가 자신의 근심을 털어놓았고 하나님의 응답을 들었습니다. 리더로서의 역할을 내려놓아야 할 때도 백성들을 위해 중보하기를 멈추지 않았습니다.
사무엘 리더십의 또 다른 특징–분명한 비전을 제시하는 능력–은 백성들에게 마지막 연설을 할 때 분명히 나타납니다. 사무엘은 단순히 역사를 열거하는 데 그치지 않았습니다. 그는 백성들에게 그들이 하나님의 백성으로 부르심을 받았다는 점을 상기시켰습니다. 사무엘의 연설을 보면 능력 있는 리더는 사람들에게 그들이 누구이며 무엇을 위해 부름 받았는지를 깨닫게 해주는 능력이 있어야 함을 알게 됩니다.
여러분은 어떻습니까? 지금까지 살펴본 사무엘의 리더십이 여러분이 감당하는 다양한 리더의 직분을 효과적으로 감당하는 데 어떠한 영향을 미칩니까? 여러분은 여러분의 보호를 받는 사람들을 위해 정기적으로 기도합니까? 여러분이 직면한 도전 앞에서 하나님의 해결책을 구합니까, 아니면 여러분 자신의 해결책을 강구하며 당황합니까? 또한 여러분의 삶에는 믿음과 일관성이 드러납니까?

제 3 과

여러분은 예상치 못하게 리더의 직분을 맡은 적이 있습니까? 하나님께서 주신 직분이 여러분에게 적합하지 않다고 느낀 적이 있습니까? 여러분의 리더십에 하나님의 축복이 임하기를 간절히 바란다면 어떻게 행동해야 합니까? 어떠한 자질을 개발해야 하겠습니까? 막중한 압박감 속에서 현명한 결정을 내리려면 어떻게 해야 합니까?
이번 과에서는 이스라엘의 첫 번째 왕의 강점과 약점을 살펴보면서 이러한 질문에 대한 답을 알아보려고 합니다.

관찰

지난 과에서 살펴보았듯이, 이스라엘 백성들은 하나님께서 다른 나라들과 구별되라고 부르셨음에도 불구하고 다른 나라들과 같아지기를 원했습니다. 하나님께서는 그들에게 요구를 들어주는 대가를 설명하신 후 승낙하셨습니다. 이제 이스라엘의 첫 번째 왕을 살펴보겠습니다. 본문에서 하나님의 사람이라고 언급한 것은 사무엘임을 잊지 마십시오.

인도자: *사무엘상 9:1–10을 소리 내어 읽어보십시오. 다음 단어들이 등장할 때 그룹원들에게 큰 소리로 합창하고 다음의 표시를 하라고 요청하십시오.*

- ***사울(Saul)**과 그 대명사에 동그라미○를 그리십시오.*
- ***하나님의 사람(man of God)**과 그 대명사 및 동의어에 직사각형 네모 ▭ 를 그리십시오.*

사무엘상 9:1–10

1베냐민 지파에 기스라 이름
하는 유력한 사람이 있으니
그는 아비엘의 아들이요 스
롤의 손자요 베고랏의 증손
이요 아비아의 현손이며 베
냐민 사람이더라

2기스에게 아들이 있으니 그
의 이름은 사울이요 준수한
소년이라 이스라엘 자손 중
에 그보다 더 준수한 자가 없
고 키는 모든 백성보다 어깨
위만큼 더 컸더라

3사울의 아버지 기스가 암나
귀들을 잃고 그의 아들 사울
에게 이르되 너는 일어나 한
사환을 데리고 가서 암나귀
들을 찾으라 하매

4그가 에브라임 산지와 살리
사 땅으로 두루 다녀 보았으
나 찾지 못하고 사알림 땅으
로 두루 다녀 보았으나 그 곳
에는 없었고 베냐민 사람의
땅으로 두루 다녀 보았으나
찾지 못하니라

5그들이 숩 땅에 이른 때에
사울이 함께 가던 사환에게
이르되 돌아가자 내 아버지
께서 암나귀 생각은 고사하
고 우리를 위하여 걱정하실
까 두려워하노라 하니

6그가 대답하되 보소서 이
성읍에 하나님의 사람이 있

토론

- 본문에 의하면, 사울의 외모는 어떠했습니까?

- 그 밖에 사울에 대해 알게 된 것은 무엇입니까?

• 사울은 아버지의 나귀를 찾으려고 누구에게 도움을 요청했습니까?

• 무엇이 그로 하여금 이러한 행동을 하도록 이끌었습니까?

는데 존경을 받는 사람이라
그가 말한 것은 반드시 다 응
하나니 그리로 가사이다 그
가 혹 우리가 갈 길을 가르쳐
줄까 하나이다 하는지라

7사울이 그의 사환에게 이르
되 우리가 가면 그 사람에게
무엇을 드리겠느냐 우리 주
머니에 먹을 것이 다하였으
니 하나님의 사람에게 드릴
예물이 없도다 무엇이 있느
냐 하니

8사환이 사울에게 다시 대답
하여 이르되 보소서 내 손에
은 한 세겔의 사분의 일이 있
으니 하나님의 사람에게 드
려 우리 길을 가르쳐 달라 하
겠나이다 하더라

9(옛적 이스라엘에 사람이
하나님께 가서 물으려 하면

말하기를 선견자에게로 가자
하였으니 지금 선지자라 하
는 자를 옛적에는 선견자라
일컬었더라)

10사울이 그의 사환에게 이르
되 네 말이 옳다 가자 하고
그들이 하나님의 사람이 있
는 성읍으로 가니라

- 지난 과에서 배운 내용을 통해 볼 때, 사무엘은 얼마나 잘 알려진 사람이었습니까?

- 사울이 그의 사환과 나눈 대화를 통해 볼 때, 그의 영적 지각력은 어떠한 것 같습니까?

관찰

인도자: *사무엘상 9:15–21을 소리 내어 읽어보십시오. 그룹원들에게 다음의 작업을 하라고 요청하십시오.*

- **사울(Saul)**과 그 대명사에 동그라미◯를 그리십시오.
- **여호와(the Lord)**와 그 대명사에 세모△를 그리십시오.
- **사무엘(Samuel)**과 그 대명사 및 동의어에 직사각형 네모▭를 그리십시오.

토론

- 하나님과 사무엘의 대화에 대한 여러분의 의견을 나누어보십시오. 여호와와 그 대명사에 표시를 하면서 무엇을 배웠습니까?

- 이렇게 서로 주고받는 대화에서 사무엘에 대해 무엇을 배웠습니까?

사무엘상 9:15–21

15사울이 오기 전날에 여호와
께서 사무엘에게 알게 하여
이르시되

16내일 이맘 때에 내가 베냐
민 땅에서 한 사람을 네게로
보내리니 너는 그에게 기름
을 부어 내 백성 이스라엘의
지도자로 삼으라 그가 내 백
성을 블레셋 사람들의 손에
서 구원하리라 내 백성의 부
르짖음이 내게 상달되었으므
로 내가 그들을 돌보았노라
하셨더니

17사무엘이 사울을 볼 때에
여호와께서 그에게 이르시되
보라 이는 내가 네게 말한 사
람이니 이가 내 백성을 다스
리리라 하시니라

18사울이 성문 안 사무엘에게
나아가 이르되 선견자의 집
이 어디인지 청하건대 내게
가르치소서 하니

• 사무엘과 사울의 대화를 통해 사무엘에 대해 무엇을 배웠습니까?

19사무엘이 사울에게 대답하
여 이르되 내가 선견자이니
라 너는 내 앞서 산당으로 올
라가라 너희가 오늘 나와 함
께 먹을 것이요 아침에는 내
가 너를 보내되 네 마음에 있
는 것을 다 네게 말하리라

• 본문을 통해 사울에 대해 무엇을 배웠습니까?

20사흘 전에 잃은 네 암나귀
들을 염려하지 말라 찾았느니
라 온 이스라엘이 사모하는
자가 누구냐 너와 네 아버지
의 온 집이 아니냐 하는지라

- 21절에 기록된 사울의 반응에 의하면, 그의 성격은 어떠한 것 같습니까?

관찰

사울은 사무엘의 귀한 손님으로서 상석에 앉아있었습니다. 그런 후 그들은 함께 마을에 있는 사무엘의 집으로 갔습니다. 두 사람은 지붕에서 대화를 나누었습니다. 만남이 끝나고 사무엘은 사울과 그의 사환과 함께 성읍 끝까지 걸어갔습 니다.

인도자: *사무엘상 9:27–10:1을 소리 내어 읽어보십시오. 다음 단어들이 등장할 때 그룹원들에게 큰 소리로 합창하고 다음의 표시를 하라고 요청하십시오.*

- ***사무엘(Samuel)****과 그 대명사에 직사각형 네모* ▭ *를 그리십시오.*
- ***사울(Saul)****과 그 대명사에 동그라미*◯*를 그리십시오.*

토론

- 본문에는 어떤 사건이 묘사되어 있습니까?

21사울이 대답하여 이르되 나
는 이스라엘 지파의 가장 작
은 지파 베냐민 사람이 아니
니이까 또 나의 가족은 베냐
민 지파 모든 가족 중에 가장
미약하지 아니하니이까 당신
이 어찌하여 내게 이같이 말
씀하시나이까 하니

사무엘상 9:27–10:1

27성읍 끝에 이르매 사무엘이
사울에게 이르되 사환에게
우리를 앞서게 하라 하니라
사환이 앞서가므로 또 이르
되 너는 이제 잠깐 서 있으라
내가 하나님의 말씀을 네게
들려 주리라 하더라

10:1이에 사무엘이 기름병을
가져다가 사울의 머리에 붓
고 입맞추며 이르되 여호와
께서 네게 기름을 부으사 그
의 기업의 지도자로 삼지 아
니하셨느냐

• 이 일은 공개적으로 일어났습니까, 아니면 비공식적으로 행해졌습니까?

사무엘상 10:17-24, 27

17사무엘이 백성을 미스바로
불러 여호와 앞에 모으고

18이스라엘 자손에게 이르되
이스라엘 하나님 여호와께서
이같이 말씀하시기를 내가
이스라엘을 애굽에서 인도하
여 내고 너희를 애굽인의 손
과 너희를 압제하는 모든 나
라의 손에서 건져내었느니라
하셨거늘

19너희는 너희를 모든 재난과
고통 중에서 친히 구원하여
내신 너희의 하나님을 오늘
버리고 이르기를 우리 위에
왕을 세우라 하는도다 그런
즉 이제 너희의 지파대로 천
명씩 여호와 앞에 나아오라
하고

관찰

인도자: *사무엘상 10:17-24, 27을 소리 내어 읽어보십시오. 그룹원들에게 다음의 작업을 하라고 요청하십시오.*

- **사무엘(Samuel)**과 *그 대명사에 직사각형 네모 ▭를 그리십시오.*
- **하나님(God)**을 *언급하는 말과 그 대명사 및 동의어에 세모△를 그리십시오.*
- **사울(Saul)**과 *그 대명사 및 동의어에 동그라미 ○를 그리십시오.*

토론

• 사무엘과 이스라엘 백성들에게 주는 그의 메시지를 설명해보십시오.

• 본문에서 사울이 취한 행동은 무엇입니까?

• 본문에 의하면, 사울의 성격은 어떠하며 그와 하나님의 관계는 어떠합니까?

20사무엘이 이에 이스라엘 모
든 지파를 가까이 오게 하였
더니 베냐민 지파가 뽑혔고

21베냐민 지파를 그들의 가족
별로 가까이 오게 하였더니
마드리의 가족이 뽑혔고 그
중에서 기스의 아들 사울이
뽑혔으나 그를 찾아도 찾지
못한지라

22그러므로 그들이 또 여호
와께 묻되 그 사람이 여기 왔
나이까 여호와께서 대답하시
되 그가 짐보따리들 사이에
숨었느니라 하셨더라

23그들이 달려 가서 거기서
그를 데려오매 그가 백성 중
에 서니 다른 사람보다 어깨
위만큼 컸더라

24사무엘이 모든 백성에게
이르되 너희는 여호와께서
택하신 자를 보느냐 모든 백
성 중에 짝할 이가 없느니라
하니 모든 백성이 왕의 만세
를 외쳐 부르니라

27어떤 불량배는 이르되 이
사람이 어떻게 우리를 구원
하겠느냐 하고 멸시하며 예
물을 바치지 아니하였으나
그는 잠잠하였더라

- 사울은 어떤 종류의 지도자가 될 가능성이 있습니까?

- 본문에서 사무엘의 용감한 리더십을 보여주는 행동은 무엇입니까?

관찰

사무엘이 하나님께서 택하신 백성들의 지도자를 드러낸 후 사울은 길르앗 야베스에 진을 치고 있던 암몬 사람을 공격하여 승리했습니다. 이 승리로 사울을 반대하던 비판의 소리가 잠잠해졌습니다. 사울은 공식적으로 이스라엘 첫 번째 왕의 칭호를 얻었으며 그에 따른 책임을 지게 됩니다.

인도자: *사무엘상 13:1–7을 소리 내어 읽어보십시오. 그리고 다음의 작업을 하라고 요청하십시오.*

- ***사울(Saul)****과 그 대명사에 동그라미○를 그리십시오.*
- ***이스라엘(Israel)****과 그 대명사 및 동의어에 별 모양✡을 그리십시오.*

토론

- 사울과 그 대명사에 표시를 하면서 무엇을 배웠습니까?

- 게바에서 실질적으로 블레셋 족속을 친 사람은 누구입니까?

사무엘상 13:1–7

1사울이 왕이 될 때에 사십
세라 그가 이스라엘을 다스
린 지 이 년에

2이스라엘 사람 삼천 명을 택
하여 그 중에서 이천 명은 자
기와 함께 믹마스와 벧엘 산
에 있게 하고 일천 명은 요나
단과 함께 베냐민 기브아에
있게 하고 남은 백성은 각기
장막으로 보내니라

3요나단이 게바에 있는 블레
셋 사람의 수비대를 치매 블
레셋 사람이 이를 들은지라
사울이 온 땅에 나팔을 불어
이르되 히브리 사람들은 들
으라 하니

4온 이스라엘이 사울이 블레
셋 사람들의 수비대를 친 것
과 이스라엘이 블레셋 사람
들의 미움을 받게 되었다 함
을 듣고 그 백성이 길갈로 모
여 사울을 따르니라

- 블레셋을 친 것을 자기의 공으로 돌린 사람은 누구입니까?

5블레셋 사람들이 이스라엘
과 싸우려고 모였는데 병거
가 삼만이요 마병이 육천 명
이요 백성은 해변의 모래 같
이 많더라 그들이 올라와 벧
아웬 동쪽 믹마스에 진 치매

- 믹마스에 진을 친 블레셋 사람들을 보며 이스라엘 백성들은 어떻게 반응했습니까?

6이스라엘 사람들이 위급함
을 보고 절박하여 굴과 수풀
과 바위 틈과 은밀한 곳과 웅
덩이에 숨으며

7어떤 히브리 사람들은 요단
을 건너 갓과 길르앗 땅으로
가되 사울은 아직 길갈에 있
고 그를 따른 모든 백성은 떨
더라

• 본문에 의하면, 사울의 리더십에 대해 어떠한 결론을 내릴 수 있습니까?

관찰

우리는 리더로서 주기적으로 전환점을 맞이합니다. 이러한 전환점을 맞아 우리가 어려운 상황에서 내린 결정이 리더로서의 능력을 약하거나 강하게 합니다. 사울이 도전을 받은 상황에서 어떻게 반응했는지 살펴보겠습니다.

인도자: *사무엘상 13:8-14을 소리 내어 읽어보십시오. 그리고 다음의 작업을 하라고 요청하십시오.*

- **사울(Saul)**과 *그 대명사에 동그라미○를 그리십시오.*
- **사무엘(Samuel)**과 *그 대명사에 직사각형 네모 □를 그리십시오.*

사무엘상 13:8-14

8사울은 사무엘이 정한 기한
대로 이레 동안을 기다렸으
나 사무엘이 길갈로 오지 아
니하매 백성이 사울에게서
흩어지는지라

9사울이 이르되 번제와 화목
제물을 이리로 가져오라 하
여 번제를 드렸더니

10번제 드리기를 마치자 사무
엘이 온지라 사울이 나가 맞
으며 문안하매

11사무엘이 이르되 왕이 행하
신 것이 무엇이냐 하니 사울
이 이르되 백성은 내게서 흩
어지고 당신은 정한 날 안에
오지 아니하고 블레셋 사람
은 믹마스에 모였음을 내가
보았으므로

12이에 내가 이르기를 블레셋
사람들이 나를 치러 길갈로
내려오겠거늘 내가 여호와께
은혜를 간구하지 못하였다
하고 부득이하여 번제를 드
렸나이다 하니라

13사무엘이 사울에게 이르되
왕이 망령되이 행하였도다
왕이 왕의 하나님 여호와께
서 왕에게 내리신 명령을 지
키지 아니하였도다 그리하였
더라면 여호와께서 이스라엘
위에 왕의 나라를 영원히 세
우셨을 것이거늘

토론

- 사무엘은 사울에게 어떻게 하라고 가르쳤습니까?

- 사울은 그렇게 하는 대신 어떻게 했습니까?

INSIGHT

레위기 1-7장에 의하면, 모든 희생제사는 레위 족속인 아론의 자손들에 의해 수행되어야 한다. 다시 말하면, 오직 제사장만이 번제를 드릴 수 있다는 것이다. 그러나 사울은 베냐민 지파에 속한 사람이었다.

- 사울은 자신의 행동을 어떻게 변명했습니까?

- 11-12절에 의하면, 사울이 그러한 결정을 내릴 때 그의 마음속에 어떤 태도와 염려가 있었습니까?

- 사무엘은 사울의 불복종으로 인해 어떠한 결과가 있을 것이라고 말합니까?

- 하나님 앞으로 달려가야겠다는 절박감을 느낀 적이 있습니까? 여러분의 경험을 나누어보십시오. 이러한 상황에서 여러분은 어떻게 반응합니까? 그리고 그 결과는 무엇입니까?

- 사울이 겪은 것과 같은 압력을 여러분도 받고 있습니까? 어떤 압력입니까?

- 본문을 통해 사울의 리더십에 대해 무엇을 배웠습니까?

14 지금은 왕의 나라가 길지
못할 것이라 여호와께서 왕
에게 명령하신 바를 왕이 지
키지 아니하였으므로 여호와
께서 그의 마음에 맞는 사람
을 구하여 여호와께서 그를
그의 백성의 지도자로 삼으
셨느니라 하고

마 무 리

사울은 왕으로서의 역할을 완벽하게 소화해낼 수 있는 사람처럼 보였습니다. 그는 키도 컸고 힘도 셌으며 잘생기고 겸손하기까지 했습니다. 그의 아버지는 "유력한 사람"(삼상 9:1)이라고 묘사되었습니다. 하나님은 사울을 왕으로 지명하셨고 백성들은 그를 인정했으며 사무엘은 그를 위해 기도해주었습니다. 이러한 상황에서 무엇이 잘못될 수 있겠습니까?

그러나 문제가 될 만한 징후들은 처음부터 있었습니다. 사울은 하나님을 온전히 신뢰하지 못했기에 하나님의 방법에 순종하지 않았습니다. 그는 사무엘을 통해 하나님이 그에게 하라고 하신 일을 분명히 알았지만 때가 이르러 믿음으로 나아가야 할 때 짐 뒤에 숨어버렸습니다. 또한 길갈에서도 그는 사무엘을 기다리며 전전긍긍했습니다. 사람들이 뿔뿔이 흩어질 것을 염려하여 그는 율법을 어기고 스스로 제사를 드렸습니다. 사울의 결정은 믿음이 아닌 두려움에 근거한 것이었습니다.

여러분은 어떻습니까? 여러분의 리더십은 어떠하며 도전을 받았을 때 어떻게 접근하고 어떠한 결정을 내리는지 묵상하며 스스로에게 다음의 질문들을 던져보십시오.

- *나는 하나님께 온전히 복종했다고 솔직하게 고백할 수 있는가?*
- *나의 리더십을 특징짓는 것은 두려움인가, 아니면 믿음인가?*
- *나는 내가 이끄는 사람들로부터 오는 압력에 굴복하는가?*
- *나는 스스로의 해결책을 찾는가, 아니면 하나님의 해결책을 찾는가?*

시간을 내서 위 질문들을 깊이 묵상하며 기도하는 시간을 가지십시오. 하나님께서 여러분의 마음 깊숙한 곳까지 거룩한 빛을 비추실 수 있도록 자신을 내어드리며 하나님께서 보여주시는 것에 순종하십시오.

제 4 과

여러분은 리더입니까, 아니면 그저 앞에 선 사람입니까? 이 둘 사이의 차이점은 무엇입니까?

리더는 단순히 대표를 의미하는 것이 아닙니다. 대표는 사람들의 뜻을 행하거나 따릅니다. 반면 리더는 다른 사람들이 따라야 할 방향을 결정합니다.

기독교인의 맥락에서 리더는 사람들을 하나님께 순종하도록 이끕니다. 이를 위해서는 두 가지가 필요합니다. 첫째, 리더가 먼저 하나님의 소리를 들어야 합니다. 둘째, 리더는 용기와 권위를 가지고 사람들을 이끌어야 합니다.

이제 사울이 이러한 능력 있는 리더의 자질을 얼마나 충족시켰는지 살펴보겠습니다.

관찰

사울이 왕이 되기 오래 전, 아말렉이 이스라엘을 무참히 공격한 적이 있었습니다. 하나님은 합당한 때가 되면 복수하겠다고 약속하셨습니다(출 17:8-16; 신 25:17-19 참조). 그때가 사울의 통치 기간에 도래했습니다.

인도자: *사무엘상 15:1-9을 소리 내어 읽어보십시오. 다음 단어들이 등장할 때 그룹원들에게 큰 소리로 합창하고 다음의 표시를 하라고 요청하십시오.*

- **사울(Saul)**과 *그 대명사에 동그라미 ○를 그리십시오.*
- **진멸(destroy, destroyed)**이라는 *단어에 사선으로 지그재그 /\/\/\를 표시하십시오.*

사무엘상 15:1-9

1사무엘이 사울에게 이르되
여호와께서 나를 보내어 왕
에게 기름을 부어 그의 백성
이스라엘 위에 왕으로 삼으
셨은즉 이제 왕은 여호와의
말씀을 들으소서

2만군의 여호와께서 이같이
말씀하시기를 아말렉이 이스
라엘에게 행한 일 곧 애굽에
서 나올 때에 길에서 대적한
일로 내가 그들을 벌하노니

3지금 가서 아말렉을 쳐서
그들의 모든 소유를 남기지
말고 진멸하되 남녀와 소아
와 젖 먹는 아이와 우양과 낙
타와 나귀를 죽이라 하셨나
이다 하니

4사울이 백성을 소집하고 그
들을 들라임에서 세어 보니
보병이 이십만 명이요 유다
사람이 만 명이라

5사울이 아말렉 성에 이르러
골짜기에 복병시키니라

6사울이 겐 사람에게 이르되
아말렉 사람 중에서 떠나 가
라 그들과 함께 너희를 멸하
게 될까 하노라 이스라엘 모
든 자손이 애굽에서 올라올
때에 너희가 그들을 선대하
였느니라 이에 겐 사람이 아
말렉 사람 중에서 떠나니라

토론

- 하나님은 사무엘을 통해 사울에게 무엇을 하라고 명령하셨습니까?
- 사울은 그 명령에 순종했습니까? 여러분의 대답을 설명해보십시오.

• 9절에서 읽은 내용을 바탕으로 사울의 행동 뒤에 숨겨진 동기를 설명해보십시오.

• 본문을 통해 사울의 리더십에 대해 무엇을 배웠습니까?

• 온전한 순종이 얼마만큼 중요합니까? 여러분의 의견을 나누어보십시오.

7사울이 하윌라에서부터 애
굽 앞 술에 이르기까지 아말
렉 사람을 치고

8아말렉 사람의 왕 아각을
사로잡고 칼날로 그의 모든
백성을 진멸하였으되

9사울과 백성이 아각과 그의
양과 소의 가장 좋은 것 또는
기름진 것과 어린 양과 모든
좋은 것을 남기고 진멸하기
를 즐겨 아니하고 가치 없고
하찮은 것은 진멸하니라

사무엘상 15:10-15

10여호와의 말씀이 사무엘에게 임하니라 이르시되

11내가 사울을 왕으로 세운 것을 후회하노니 그가 돌이켜서 나를 따르지 아니하며 내 명령을 행하지 아니하였음이니라 하신지라 사무엘이 근심하여 온 밤을 여호와께 부르짖으니라

12사무엘이 사울을 만나려고 아침에 일찍이 일어났더니 어떤 사람이 사무엘에게 말하여 이르되 사울이 갈멜에 이르러 자기를 위하여 기념비를 세우고 발길을 돌려 길갈로 내려갔다 하는지라

13사무엘이 사울에게 이른즉 사울이 그에게 이르되 원하건대 당신은 여호와께 복을 받으소서 내가 여호와의 명령을 행하였나이다 하니

관찰

사울은 하나님의 명령을 수행하지 못했습니다. 리더로서 그는 백성들의 행위에 대한 책임뿐 아니라 자신의 선택에 대한 책임도 져야 했습니다. 사울이 자신의 선택에 대한 책임을 져야 할 상황이 왔을 때 무슨 일이 일어났는지 살펴보겠습니다.

***인도자:** 사무엘상 15:10-15을 소리 내어 읽어보십시오. 그룹원들에게 다음의 작업을 하라고 요청하십시오.*

- ***여호와(the Lord)**와 그 대명사에 세모△를 그리십시오.*
- ***사무엘(Samuel)**과 그 대명사에 직사각형 네모 □ 를 그리십시오.*
- ***사울(Saul)**과 그 대명사에 동그라미 ○를 그리십시오.*

토론

- 본문에 의하면, 사울의 리더십에 대한 하나님의 감정과 근심은 무엇입니까?

- 사무엘은 하나님의 말씀에 어떻게 반응했습니까?

- 전쟁 후, 사울은 어디로 갔으며 그 이유는 무엇입니까?

14사무엘이 이르되 그러면 내
귀에 들려오는 이 양의 소리
와 내게 들리는 소의 소리는
어찌 됨이니이까 하니라

15사울이 이르되 그것은 무리
가 아말렉 사람에게서 끌어
온 것인데 백성이 당신의 하
나님 여호와께 제사하려 하
여 양들과 소들 중에서 가장
좋은 것을 남김이요 그 외의
것은 우리가 진멸하였나이다
하는지라

INSIGHT

이 시기에 길갈은 종교적으로 중요한 의미를 지녔을 뿐 아니라 군사적으로도 중요한 집결지였다. 또한 사울이 7일 동안 선지자를 기다려 하나님께 번제와 화목제물을 드리도록 지시를 받았지만 불복종했던 곳이며, 그가 왕으로 확실히 서게 된 곳이기도 하다(삼상 11:14–15).

- 사무엘이 사울에게 다가갔을 때 누가 먼저, 무엇이라고 말했습니까?

- 그 사람의 말은 어떻게 그 사람의 인격을 드러냅니까? 여러분의 대답을 설명해보십시오.

- 진실에 직면하자 사울은 어떻게 반응했으며 그 책임을 어디로 돌렸습니까?

• 여러분도 하나님의 말씀에 온전히 순종하지 못하고 부분적으로만 순종한 적이 있다면 나누어보십시오. 그 결과는 어떠했습니까?

사무엘상 15:16-23

16사무엘이 사울에게 이르되
가만히 계시옵소서 간 밤에
여호와께서 내게 이르신 것
을 왕에게 말하리이다 하니
그가 이르되 말씀하소서

17사무엘이 이르되 왕이 스스
로 작게 여길 그 때에 이스라
엘 지파의 머리가 되지 아니
하셨나이까 여호와께서 왕에
게 기름을 부어 이스라엘 왕
을 삼으시고

18또 여호와께서 왕을 길로
보내시며 이르시기를 가서
죄인 아말렉 사람을 진멸하
되 다 없어지기까지 치라 하
셨거늘

관찰

인도자: *사무엘상 15:16-23을 소리 내어 읽어보십시오. 그룹원들에게 다음의 작업을 하라고 요청하십시오.*

- ***사울(Saul)****과 그 대명사에 동그라미 ○를 그리십시오.*
- ***여호와(the Lord)****와 그 대명사에 세모△를 그리십시오.*
- ***청종하여(obey, obeying)****라는 구절에 대문자 O를 표시하십시오.*

토론

• 하나님께서 사울을 백성들의 리더로 삼은 후 그에게 무엇을 기대하셨습니까?

• 22-23절에 의하면, 사무엘은 사울의 리더십을 어떻게 특징짓습니까?

• 여러분은 본문에서 드러난 사무엘의 리더십을 어떻게 특징짓겠습니까?

• 사울은 불순종한 자신의 행동을 지적당하자 어떻게 반응했습니까?

• 리더로서 사울의 행동에 따른 결과는 무엇입니까?

• 본문에 의하면, 하나님께서는 리더에게 어떤 기대를 하십니까?

19어찌하여 왕이 여호와의 목
소리를 청종하지 아니하고
탈취하기에만 급하여 여호와
께서 악하게 여기시는 일을
행하였나이까

20사울이 사무엘에게 이르되
나는 실로 여호와의 목소리
를 청종하여 여호와께서 보
내신 길로 가서 아말렉 왕 아
각을 끌어 왔고 아말렉 사람
들을 진멸하였으나

21다만 백성이 그 마땅히 멸
할 것 중에서 가장 좋은 것
으로 길갈에서 당신의 하나
님 여호와께 제사하려고 양
과 소를 끌어 왔나이다 하는
지라

22사무엘이 이르되 여호와께
서 번제와 다른 제사를 그의
목소리를 청종하는 것을 좋
아하심 같이 좋아하시겠나이
까 순종이 제사보다 낫고 듣
는 것이 숫양의 기름보다 나
으니

• 22절을 다시 한 번 읽어보십시오. 오늘날의 문화에서 사울 시대의 '번제와 다른 제사'에 해당하는 것은 무엇입니까?

23이는 거역하는 것은 점치
는 죄와 같고 완고한 것은 사
신 우상에게 절하는 죄와 같
음이라 왕이 여호와의 말씀
을 버렸으므로 여호와께서도
왕을 버려 왕이 되지 못하게
하셨나이다 하니

• 지금까지 공부한 바에 의하면, 하나님의 명령에 온전히 순종하는 것은 얼마나 중요합니까? 본문에서 우리가 훌륭한 리더로 성장하기 위해 무엇을 배웠습니까?

관찰

인도자: *사무엘상 15:24-35을 소리 내어 읽어보십시오. 그룹원들에게 다음의 작업을 하라고 요청하십시오.*

- **사울(Saul)**과 그 대명사에 동그라미 ○를 그리십시오.
- **사무엘(Samuel)**과 그 대명사에 직사각형 네모 ▭ 를 그리십시오.
- **여호와(the Lord)**와 그 대명사 및 동의어에 세모 △를 그리십시오.

토론

- 사무엘이 하나님의 심판을 선포하자 사울은 어떻게 반응했습니까?
- 본문에 의하면, 사울은 자신이 저지른 행위를 진심으로 회개합니까? 여러분의 대답을 설명해보십시오.

사무엘상 15:24-35

24사울이 사무엘에게 이르되
내가 범죄하였나이다 내가
여호와의 명령과 당신의 말
씀을 어긴 것은 내가 백성을
두려워하여 그들의 말을 청
종하였음이니이다

25청하오니 지금 내 죄를 사
하고 나와 함께 돌아가서 나
로 하여금 여호와께 경배하
게 하소서 하니

26사무엘이 사울에게 이르되
나는 왕과 함께 돌아가지 아
니하리니 이는 왕이 여호와
의 말씀을 버렸으므로 여호
와께서 왕을 버려 이스라엘
왕이 되지 못하게 하셨음이
니이다 하고

27사무엘이 가려고 돌아설 때
에 사울이 그의 겉옷자락을
붙잡으매 찢어진지라

28사무엘이 그에게 이르되
여호와께서 오늘 이스라엘
나라를 왕에게서 떼어 왕보
다 나은 왕의 이웃에게 주셨
나이다

29이스라엘의 지존자는 거짓
이나 변개함이 없으시니 그
는 사람이 아니시므로 결코
변개하지 않으심이니이다
하니

30사울이 이르되 내가 범죄
하였을지라도 이제 청하옵나
니 내 백성의 장로들 앞과 이
스라엘 앞에서 나를 높이사
나와 함께 돌아가서 내가 당
신의 하나님 여호와께 경배
하게 하소서 하더라

31이에 사무엘이 돌이켜 사울
을 따라가매 사울이 여호와
께 경배하니라

- 32-34절에 나타난 사무엘의 행동을 설득력 있게 설명해보십시오.

- 사울이 리더십을 제대로 발휘하지 못함으로 인해 영향을 받은 사람은 누구입니까? 그들은 어떠한 영향을 받았습니까?

- 본문을 통해 하나님의 어떠한 성품을 알 수 있습니까?

• 1–3과에서 배운 내용을 생각하며 사무엘과 사울의 리더십을 비교해보십시오.

• 두 사람의 예를 통해 여러분의 삶에 적용할만한 것을 배웠습니까? 여러분이 리더로서의 직분을 맡고 있다면 무엇을 적용할 수 있겠습니까?

32사무엘이 이르되 너희는
아말렉 사람의 왕 아각을 내
게로 끌어 오라 하였더니 아
각이 즐거이 오며 이르되 진
실로 사망의 괴로움이 지났
도다 하니라

33사무엘이 이르되 네 칼이
여인들에게 자식이 없게 한
것 같이 여인 중 네 어미에게
자식이 없으리라 하고 그가
길갈에서 여호와 앞에서 아
각을 찍어 쪼개니라

34이에 사무엘은 라마로 가
고 사울은 사울 기브아 자기
의 집으로 올라가니라

35사무엘이 죽는 날까지 사
울을 다시 가서 보지 아니하
였으니 이는 그가 사울을 위
하여 슬퍼함이었고 여호와
께서는 사울을 이스라엘 왕
으로 삼으신 것을 후회하셨
더라

마 무 리

이번 과를 시작하면서 우리는 이러한 질문을 했습니다. "여러분은 리더입니까, 아니면 단순히 앞에 선 사람입니까?" 사울의 삶을 공부하면서 이 두 사람의 차이점에 대한 통찰력을 얻었으리라 믿습니다.

지금까지 공부한 바에 의하면 사울은 진정한 리더십 테스트에서 실패했습니다. 사울은 하나님의 명령에 온전히 순종하여 백성들을 이끄는 대신, 부분적으로만 순종하고 자신의 결정을 백성들 탓으로 돌렸습니다. 그러나 하나님과 사무엘은 아말렉 사람들과 모든 소유를 진멸하라는 하나님의 명령에 불복종한 책임을 백성들이 아닌 사울에게 물으셨습니다. 그 이유는 무엇입니까? 하나님께서는 사울을 리더로 부르셨기 때문입니다.

여러분은 어떻습니까? 여러분은 리더로서 여러분의 실패를 자신의 책임으로 받아들입니까, 아니면 다른 사람들을 비난합니까? 여러분은 하나님의 모든 명령에 순종합니까, 아니면 편리한 것들만 순종합니까? 이러한 질문에 어떻게 응답하느냐에 따라 여러분이 하나님이 부르신 진정한 리더로 서 있는지 아닌지가 결정됩니다.

제 5 과

3–4과를 통해 우리는 사울이 리더로서 실패했던 내용을 살펴보았습니다. 이 실패로 하나님은 사울을 이스라엘의 왕으로 세우기를 거부하십니다. 사무엘상 13:14에서 사무엘은 사울의 나라가 길지 못할 것이라고 선포합니다. 하나님께서는 당신의 마음에 합한 사람을 구하여 백성의 지도자로 삼으셨습니다. 이것을 염두에 두고 하나님께서 어떤 모습의 리더를 찾으시는지에 대해 알아보도록 하겠습니다.

관찰

하나님은 사무엘에게 사울을 이어 이스라엘의 왕이 될 자에게 기름을 부으라고 명령하십니다. 하지만 그 사람을 선택하는 것은 사무엘이 아닌 하나님이십니다.

인도자: *사무엘상 16:1–13을 소리 내어 읽어보십시오. 그룹원들에게 다음의 작업을 하라고 요청하십시오.*

- ***여호와**(the Lord)와 그 대명사 및 동의어에 세모△를 그리십시오.*
- ***택하지 아니하셨느니라, 버리다**(not chosen, rejected)라는 구절에 빗금╱을 그으십시오.*
- ***중심**(heart)이라는 단어에 하트 모양♡을 그리십시오.*

토론

- 하나님께서 사무엘에게 명령하신 것은 무엇입니까?

사무엘상 16:1–13

1여호와께서 사무엘에게 이
르시되 내가 이미 사울을 버
려 이스라엘 왕이 되지 못하
게 하였거늘 네가 그를 위하
여 언제까지 슬퍼하겠느냐
너는 뿔에 기름을 채워 가지
고 가라 내가 너를 베들레헴
사람 이새에게로 보내리니
이는 내가 그의 아들 중에서
한 왕을 보았느니라 하시는
지라

2사무엘이 이르되 내가 어찌
갈 수 있으리이까 사울이 들
으면 나를 죽이리이다 하니
여호와께서 이르시되 너는
암송아지를 끌고 가서 말하
기를 내가 여호와께 제사를
드리러 왔다 하고

3이새를 제사에 청하라 내가
네게 행할 일을 가르치리니
내가 네게 알게 하는 자에게
나를 위하여 기름을 부을지
니라

4사무엘이 여호와의 말씀대
로 행하여 베들레헴에 이르
매 성읍 장로들이 떨며 그를
영접하여 이르되 평강을 위
하여 오시나이까

5이르되 평강을 위함이니라
내가 여호와께 제사하러 왔으
니 스스로 성결하게 하고 와
서 나와 함께 제사하자 하고
이새와 그의 아들들을 성결하
게 하고 제사에 청하니라

6그들이 오매 사무엘이 엘리
압을 보고 마음에 이르기를
여호와의 기름 부으실 자가
과연 주님 앞에 있도다 하였
더니

- 사무엘이 염려한 것은 무엇입니까? 그 염려로 인해 사무엘은 하나님의 말씀에 복종하지 않았습니까?

- 사무엘이 하나님의 명령에 따라 이스라엘의 다음 왕을 고르면서 무엇을 주의하여 보았습니까?

- 이것은 하나님의 선택 기준과 어떻게 비교됩니까?

• 7절에 근거하여, 사무엘 앞을 지나간 7명의 형제들에 대해 무엇을 추측할 수 있습니까?

• 이스라엘의 다음 왕으로 선택된 사람은 누구입니까? 이를 통해 그에 대해 어떠한 결론을 내릴 수 있습니까?

• 리더의 자질로 볼 수 있는 성품은 무엇입니까?

7여호와께서 사무엘에게 이르시되 그의 용모와 키를 보지 말라 내가 이미 그를 버렸노라 내가 보는 것은 사람과 같지 아니하니 사람은 외모를 보거니와 나 여호와는 중심을 보느니라 하시더라

8이새가 아비나답을 불러 사무엘 앞을 지나가게 하매 사무엘이 이르되 이도 여호와께서 택하지 아니하셨느니라 하니

9이새가 삼마로 지나게 하매 사무엘이 이르되 이도 여호와께서 택하지 아니하셨느니라 하니라

10이새가 그의 아들 일곱을 다 사무엘 앞으로 지나가게 하나 사무엘이 이새에게 이르되 여호와께서 이들을 택하지 아니하셨느니라 하고

11또 사무엘이 이새에게 이르
되 네 아들들이 다 여기 있느
냐 이새가 이르되 아직 막내
가 남았는데 그는 양을 지키
나이다 사무엘이 이새에게
이르되 사람을 보내어 그를
데려오라 그가 여기 오기까
지는 우리가 식사 자리에 앉
지 아니하겠노라

• 이러한 기대로 인해 하나님이 중요하게 여기시는 것들을 놓치거나 여러분이 하나님으로부터 리더로 부름 받았다는 사실을 무시하지는 않았습니까?

12이에 사람을 보내어 그를
데려오매 그의 빛이 붉고 눈
이 빼어나고 얼굴이 아름답
더라 여호와께서 이르시되
이가 그니 일어나 기름을 부
으라 하시는지라

• 이러한 통찰력이 이미 리더로 선 사람뿐 아니라 새로운 리더를 찾는 과정에서 어떻게 적용될 수 있는지 여러분의 의견을 나누어보십시오.

13사무엘이 기름 뿔병을 가져
다가 그의 형제 중에서 그에
게 부었더니 이 날 이후로 다
윗이 여호와의 영에게 크게
감동되니라 사무엘이 떠나서
라마로 가니라

• 여러분은 어떻습니까? 하나님이 여러분을 보실 때 여러분은 리더로서 자격이 있습니까?

관찰

다윗이 미래의 이스라엘 왕으로 기름부음을 받은 후(정확한 시기는 알 수 없다) 얼마 지나지 않아 블레셋이 이스라엘을 침략했습니다. 사울과 다윗의 형들과 이스라엘의 군대는 엘라 골짜기에서 블레셋 군대와 대치하였습니다. 블레셋 장군 골리앗은 40일 동안 매일 사울에게 이같이 도전했습니다. "내가 오늘 이스라엘의 군대를 모욕하였으니 사람을 보내어 나와 더불어 싸우게 하라"(삼상 17:10). 골리앗의 위협을 듣고 놀란 이스라엘 군대는 공포에 빠졌습니다.

인도자: *사무엘상 17:20-30을 소리 내어 읽어보십시오.*

- *그룹원들에게* ***다윗(David)****과 그 대명사가 등장할 때 큰 소리로 합창하고 대문자 D를 표시하라고 요청하십시오.*

사무엘상 17:20-30

20다윗이 아침에 일찍이 일
어나서 양을 양 지키는 자에
게 맡기고 이새가 명령한 대
로 가지고 가서 진영에 이른
즉 마침 군대가 전장에 나와
서 싸우려고 고함치며,

21이스라엘과 블레셋 사람들
이 전열을 벌이고 양군이 서
로 대치하였더라

22다윗이 자기의 짐을 짐 지
키는 자의 손에 맡기고 군대
로 달려가서 형들에게 문안
하고

23그들과 함께 말할 때에 마
침 블레셋 사람의 싸움 돋우
는 가드 사람 골리앗이라 하
는 자가 그 전열에서 나와서
전과 같은 말을 하매 다윗이
들으니라

24이스라엘 모든 사람이 그
사람을 보고 심히 두려워하
여 그 앞에서 도망하며

25이스라엘 사람들이 이르되
너희가 이 올라 온 사람을 보
았느냐 참으로 이스라엘을
모욕하러 왔도다 그를 죽이
는 사람은 왕이 많은 재물로
부하게 하고 그의 딸을 그에
게 주고 그 아버지의 집을 이
스라엘 중에서 세금을 면제
하게 하시리라

INSIGHT

블레셋 장수 골리앗이 제안한 싸움의 이면에는 이스라엘이 누구를 보내든 자신의 신들이 싸움에서 이기게 할 것이라는 논리가 깔려있다. 또한 각 진영에서 두 사람만 대표로 싸우면 양측 모두 인명손실을 최소화할 수 있다. 이러한 싸움 방식은 이스라엘 입장에서는 매우 위험한 전략이었다. 학자들은 사무엘상 17:4-7을 근거로, 골리앗이 9피트 이상의 장신이었다고 예상한다. 또한 그가 입은 쇠로 된 투구와 갑옷의 무게는 대략 150파운드였으며 창 끝에 달린 쇠의 무게만 약 15파운드였다. 겉으로 드러나는 증거만으로도 이스라엘 군사들이 골리앗을 두려워하기에 충분했다.

토론

- 본문에서 다윗에 대해 관찰한 내용을 말해보십시오.

• 골리앗과 그의 도전에 대해 다윗이 가장 우려한 것은 무엇입니까?

26다윗이 곁에 서 있는 사람
들에게 말하여 이르되 이 블
레셋 사람을 죽여 이스라엘
의 치욕을 제거하는 사람에
게는 어떠한 대우를 하겠느
냐 이 할례 받지 않은 블레셋
사람이 누구이기에 살아 계
시는 하나님의 군대를 모욕
하겠느냐

27백성이 전과 같이 말하여
이르되 그를 죽이는 사람에
게는 이러이러하게 하시리라
하니라

• 다윗의 맏형 엘리압은 다윗에게 어떠한 책망을 했습니까?

28큰형 엘리압이 다윗이 사
람들에게 하는 말을 들은지
라 그가 다윗에게 노를 발하
여 이르되 네가 어찌하여 이
리로 내려왔느냐 들에 있는
양들을 누구에게 맡겼느냐
나는 네 교만과 네 마음의 완
악함을 아노니 네가 전쟁을
구경하러 왔도다

29다윗이 이르되 내가 무엇
을 하였나이까 어찌 이유가
없으리이까 하고

30돌아서서 다른 사람을 향
하여 전과 같이 말하매 백성
이 전과 같이 대답하니라

• 엘리압이 화를 낸 이면에는 무엇이 있었습니까?

관찰

사울은 용사였으며, 사무엘상 10:23에 의하면 이스라엘 백성들 중에서 가장 키가 큰 사람이었습니다. 사울의 신체조건만 보더라도 골리앗과 맞서야 할 사람은 바로 그였고, 그에게는 이스라엘의 왕으로서 군대를 승리로 이끌 책임이 있었습니다. 하지만 그는 믿음이 아닌 두려움에 사로잡혔습니다.

인도자: *사무엘상 17:31-40을 소리 내어 읽어보십시오. 그룹원들에게 다음의 작업을 하라고 요청하십시오.*

- **사울(Saul)***과 그 대명사에 동그라미○를 그리십시오.*
- **다윗(David)***과 그 대명사 및 동의어에 대문자 D를 표시하십시오.*
- **낙담(heart)***이라는 단어에 하트 모양♡을 그리십시오.*

토론

- 본문을 통해 다윗에 대해 무엇을 배웠습니까?

사무엘상 17:31-40

31어떤 사람이 다윗이 한 말을 듣고 그것을 사울에게 전하였으므로 사울이 다윗을 부른지라

32다윗이 사울에게 말하되 그로 말미암아 사람이 낙담하지 말 것이라 주의 종이 가서 저 블레셋 사람과 싸우리이다 하니

33사울이 다윗에게 이르되 네가 가서 저 블레셋 사람과 싸울 수 없으리니 너는 소년이요 그는 어려서부터 용사임이니라

34다윗이 사울에게 말하되 주의 종이 아버지의 양을 지킬 때에 사자나 곰이 와서 양 떼에서 새끼를 물어가면

35내가 따라가서 그것을 치
고 그 입에서 새끼를 건져내
었고 그것이 일어나 나를 해
하고자 하면 내가 그 수염을
잡고 그것을 쳐죽였나이다

36주의 종이 사자와 곰도 쳤
은즉 살아 계시는 하나님의
군대를 모욕한 이 할례 받지
않은 블레셋 사람이리이까
그가 그 짐승의 하나와 같이
되리이다

37또 다윗이 이르되 여호와
께서 나를 사자의 발톱과 곰
의 발톱에서 건져내셨은즉
나를 이 블레셋 사람의 손에
서도 건져내시리이다 사울이
다윗에게 이르되 가라 여호
와께서 너와 함께 계시기를
원하노라

38이에 사울이 자기 군복을
다윗에게 입히고 놋 투구를
그의 머리에 씌우고 또 그에
게 갑옷을 입히매

- 본문을 통해 사울에 대해 무엇을 배웠습니까?

- 다윗은 용사로서 어떠한 훈련을 받았습니까?

- 이러한 훈련이 어떤 방식으로 그가 리더가 될 수 있도록 준비하는 역할을 했습니까?

- 다윗은 사나운 짐승으로부터 아버지의 양떼를 지키기 위해 싸웠던 이야기를 하면서 누구에게 영광을 돌렸습니까?

- 본문을 근거로 다윗과 하나님의 관계와 다윗이 하나님을 어떻게 생각하는지에 대해 여러분의 대답을 설명해보십시오. 그리고 사울이 하나님을 바라보는 관점과 비교해보십시오.

39다윗이 칼을 군복 위에 차
고는 익숙하지 못하므로 시
험적으로 걸어 보다가 사울
에게 말하되 익숙하지 못하
니 이것을 입고 가지 못하겠
나이다 하고 곧 벗고

40손에 막대기를 가지고 시
내에서 매끄러운 돌 다섯을
골라서 자기 목자의 제구 곧
주머니에 넣고 손에 물매를
가지고 블레셋 사람에게로
나아가니라

사무엘상 17:41–47

41블레셋 사람이 방패 든 사
람을 앞세우고 다윗에게로
점점 가까이 나아가니라

42그 블레셋 사람이 둘러보
다가 다윗을 보고 업신여기
니 이는 그가 젊고 붉고 용모
가 아름다움이라

43블레셋 사람이 다윗에게
이르되 네가 나를 개로 여기
고 막대기를 가지고 내게 나
아왔느냐 하고 그의 신들의
이름으로 다윗을 저주하고

44그 블레셋 사람이 또 다윗
에게 이르되 내게로 오라 내
가 네 살을 공중의 새들과 들
짐승들에게 주리라 하는지라

관찰

인도자: *사무엘상 17:41–47을 소리 내어 읽어보십시오. 다음 단어들이 등장할 때 그룹원들에게 큰 소리로 합창하고 다음의 표시를 하라고 요청하십시오.*

- ***블레셋 사람*(the Philistine)*과 그 대명사에 밑줄 ______ 을 그으십시오.***
- ***다윗*(David)*과 그 대명사에 대문자 D를 표시하십시오.***

인도자: *본문을 다시 한 번 소리 내어 읽어보십시오.*

- *이번에는* ***여호와(the Lord)****와 그 대명사 및 동의어가 등장할 때 큰 소리로 합창하고 세모 △를 그리라고 요청하십시오.*

토론

- 블레셋 사람과 그 대명사에 표시를 하면서 무엇을 배웠습니까?

• 골리앗과 다윗의 말을 비교해보십시오. 두 사람은 각각 어떤 메시지를 전달합니까?

45다윗이 블레셋 사람에게
이르되 너는 칼과 창과 단창
으로 내게 나아 오거니와 나
는 만군의 여호와의 이름 곧
네가 모욕하는 이스라엘 군
대의 하나님의 이름으로 네
게 나아가노라

• 46–47절에 의하면, 하나님께서 골리앗을 다윗의 손에 넘기실 것이라 말씀하신 이유는 무엇입니까?

46오늘 여호와께서 너를 내
손에 넘기시리니 내가 너를
쳐서 네 목을 베고 블레셋 군
대의 시체를 오늘 공중의 새
와 땅의 들짐승에게 주어 온
땅으로 이스라엘에 하나님이
계신 줄 알게 하겠고

• 이러한 대화를 통해 우리는 다윗에 대해 무엇을 알 수 있습니까? 그의 확신은 어디에 근거한 것이며 그의 행동에 어떠한 영향을 미칩니까? 여러분의 대답을 설명해보십시오.

47또 여호와의 구원하심이
칼과 창에 있지 아니함을 이
무리에게 알게 하리라 전쟁
은 여호와께 속한 것인즉 그
가 너희를 우리 손에 넘기시
리라

• 여러분의 삶과 리더십에 있어서 여러분의 확신은 어디에 근거합니까? 여러분의 대답을 증명할 증거가 있습니까? 다시 말해서, 그 확신의 근거가 여러분의 행동과 리더십에 어떤 영향을 미칩니까?

사무엘상 17:48-53

48블레셋 사람이 일어나 다윗에게로 마주 가까이 올 때에 다윗이 블레셋 사람을 향하여 빨리 달리며

49손을 주머니에 넣어 돌을 가지고 물매로 던져 블레셋 사람의 이마를 치매 돌이 그의 이마에 박히니 땅에 엎드러지니라

50다윗이 이같이 물매와 돌로 블레셋 사람을 이기고 그를 쳐죽였으나 자기 손에는 칼이 없었더라

관찰

인도자: *사무엘상 17:48-53을 소리 내어 읽어보십시오. 다음 단어들이 등장할 때 그룹원들에게 큰 소리로 합창하고 다음의 표시를 하라고 요청하십시오.*

- ***다윗*(David)***과 그 대명사에 대문자 D를 표시하십시오.*
- ***블레셋 사람*(the Philistine)***과 그 대명사 및 동의어에 밑줄 ______ 을 그으십시오.*

토론

• 다윗과 그 대명사에 표시를 하면서 무엇을 배웠습니까?

• 다윗은 골리앗에게 어떻게 접근했습니까?

• 다윗의 행동을 통해 볼 때, 그는 하나님에 대해 어떠한 기대를 합니까?

51다윗이 달려가서 블레셋 사
람을 밟고 그의 칼을 그 칼
집에서 빼내어 그 칼로 그를
죽이고 그의 머리를 베니 블
레셋 사람들이 자기 용사의
죽음을 보고 도망하는지라

52이스라엘과 유다 사람들이
일어나서 소리 지르며 블레
셋 사람들을 쫓아 가이와 에
그론 성문까지 이르렀고 블
레셋 사람들의 부상자들은
사아라임 가는 길에서부터
가드와 에그론까지 엎드러졌
더라

53이스라엘 자손이 블레셋
사람들을 쫓다가 돌아와서
그들의 진영을 노략하였고

• 다윗의 행동은 블레셋 사람들과 이스라엘 백성들에게 어떠한 영향을 미쳤습니까?

사무엘상 24:1-12, 15

1사울이 블레셋 사람을 쫓다
가 돌아오매 어떤 사람이 그
에게 말하여 이르되 보소서
다윗이 엔게디 광야에 있더
이다 하니

2사울이 온 이스라엘에서 택
한 사람 삼천 명을 거느리고
다윗과 그의 사람들을 찾으
러 들염소 바위로 갈새

3길 가 양의 우리에 이른즉
굴이 있는지라 사울이 뒤를
보러 들어가니라 다윗과 그
의 사람들이 그 굴 깊은 곳에
있더니

관찰

골리앗이 죽고 얼마 지나지 않아 사울은 다윗을 질투하기 시작합니다. 다윗은 생명을 부지하기 위해 재빨리 도망가야 함을 깨닫습니다. 사울은 다윗을 잡아 죽이려고 군사를 이끌고 수년간 추격합니다.

인도자: *사무엘상 24:1-12, 15을 소리 내어 읽어 보십시오. 그리고 다음의 작업을 하라고 요청하십시오.*

- ***사울(Saul)****과 그 대명사 및 동의어에 동그라미 ○를 그리십시오.*
- ***다윗(David)****과 그 대명사에 대문자 D를 표시하십시오.*

토론

• 사울은 다윗이 엔게디 광야에 있다는 소식을 듣고 어떻게 반응했습니까?

• 다윗의 사람들은 사울이 동굴 안으로 들어와 해치기 쉬운 상황임을 보고 어떻게 결론을 내립니까? 다윗의 반응은 어떠했습니까?

4다윗의 사람들이 이르되 보소서 여호와께서 당신에게 이르시기를 내가 원수를 네 손에 넘기리니 네 생각에 좋은 대로 그에게 행하라 하시더니 이것이 그 날이니이다 하니 다윗이 일어나서 사울의 겉옷 자락을 가만히 베니라

• 다윗이 사울의 옷자락을 벤 것은, 힘이 사울의 집에서 다윗의 집으로 옮겨졌음을 의미했습니다. 이것을 염두에 둘 때, 다윗의 양심이 그를 괴롭힌 이유는 무엇입니까?

5그리 한 후에 사울의 옷자락 벰으로 말미암아 다윗의 마음이 찔려

6자기 사람들에게 이르되 내가 손을 들어 여호와의 기름 부음을 받은 내 주를 치는 것은 여호와께서 금하시는 것이니 그는 여호와의 기름 부음을 받은 자가 됨이니라 하고

• 다윗은 자신이 이스라엘의 왕으로 지명되었음을 알고 있었지만 사울의 목숨을 해하지 않았습니다. 그 이유는 무엇입니까?

7다윗이 이 말로 자기 사람들을 금하여 사울을 해하지 못하게 하니라 사울이 일어나 굴에서 나가 자기 길을 가니라

• 이것을 통해 볼 때, 다윗은 하나님을 어떻게 이해하고 있습니까? 다윗의 마음이 어떠함을 알 수 있습니까?

8그 후에 다윗도 일어나 굴에서 나가 사울의 뒤에서 외쳐 이르되 내 주 왕이여 하매 사울이 돌아보는지라 다윗이 땅에 엎드려 절하고

• 다윗과 같은 관점을 갖는 것이 오늘날 우리가 리더로서 결정을 내리는 데 어떠한 영향을 미칩니까?

9다윗이 사울에게 이르되 보소서 다윗이 왕을 해하려 한다고 하는 사람들의 말을 왕은 어찌하여 들으시나이까

10오늘 여호와께서 굴에서 왕을 내 손에 넘기신 것을 왕이 아셨을 것이니이다 어떤 사람이 나를 권하여 왕을 죽이라 하였으나 내가 왕을 아껴 말하기를 나는 내 손을 들어 내 주를 해하지 아니하리니 그는 여호와의 기름 부음을 받은 자이기 때문이라 하였나이다

• 누가 사울을 왕으로 지명했으며 누구의 권위로 왕으로서의 권위를 박탈했습니까?

• 하나님은 여러분에게 어떤 권위를 주셨습니까?

• 하나님께서 여러분을 능력 없는 리더 밑에 두신다면 어떻게 반응하겠습니까? 여러분은 실력이 없다는 이유로 리더의 권위를 인정하지 않으려 했던 적이 있습니까? 혹은 여러분이 더 실력 있는 리더가 될 수 있다고 생각하지는 않았습니까?

인도자: *그룹원 중 한 명의 개인적인 고백을 듣고 그 결과에 대해 나누어보도록 인도하십시오.*

11내 아버지여 보소서 내 손
에 있는 왕의 옷자락을 보소
서 내가 왕을 죽이지 아니하
고 겉옷 자락만 베었은즉 내
손에 악이나 죄과가 없는 줄
을 오늘 아실지니이다 왕은
내 생명을 찾아 해하려 하시
나 나는 왕에게 범죄한 일이
없나이다

12여호와께서는 나와 왕 사이
를 판단하사 여호와께서 나
를 위하여 왕에게 보복하시
려니와 내 손으로는 왕을 해
하지 않겠나이다

15그런즉 여호와께서 재판장
이 되어 나와 왕 사이에 심판
하사 나의 사정을 살펴 억울
함을 풀어 주시고 나를 왕의
손에서 건지시기를 원하나이
다 하니라

- 이번 과에서 다윗에 대해 배운 것들을 상기해보십시오. 하나님의 마음에 합한 사람이 된다는 것의 의미에 대해 여러분의 대답을 설명해보십시오. 그리고 리더로서 오늘날 문화의 공격과 유혹을 받을 때 그것이 어떻게 드러날 수 있을지 나누어 보십시오.

사무엘상 24:16-22

16다윗이 사울에게 이같이 말하기를 마치매 사울이 이르되 내 아들 다윗아 이것이 네 목소리냐 하고 소리를 높여 울며

17다윗에게 이르되 나는 너를 학대하되 너는 나를 선대하니 너는 나보다 의롭도다

18네가 나 선대한 것을 오늘 나타냈나니 여호와께서 나를 네 손에 넘기셨으나 네가 나를 죽이지 아니하였도다

관찰

인도자: *사무엘상 24:16-22을 소리 내어 읽어보십시오. 그리고 다음의 작업을 하라고 요청하십시오.*

- ***사울(Saul)**과 그 대명사에 동그라미◯를 그리십시오.*
- ***다윗(David)**과 그 대명사에 대문자 D를 표시하십시오.*

토론

- 다윗의 말은 사울에게 어떠한 영향을 미쳤습니까?

• 사울은 다윗의 어떤 면모에 주목했으며, 자신과 다윗 사이에 어떤 차이가 있음을 깨달았습니까?

19사람이 그의 원수를 만나면
그를 평안히 가게 하겠느냐
네가 오늘 내게 행한 일로 말
미암아 여호와께서 네게 선
으로 갚으시기를 원하노라

• 사울은 다윗이 왕이 되고 이스라엘이 그의 손으로 세워지리라는 것을 인정했습니다. 사울은 이를 인정하면서 다윗에게 무엇을 요구합니까? 이에 다윗은 어떻게 반응했습니까?

20보라 나는 네가 반드시 왕
이 될 것을 알고 이스라엘 나
라가 네 손에 견고히 설 것을
아노니

21그런즉 너는 내 후손을 끊
지 아니하며 내 아버지의 집
에서 내 이름을 멸하지 아니
할 것을 이제 여호와의 이름
으로 내게 맹세하라 하니라

• 힘들고 고통스러운 상황에서도 사울의 요구에 응답하는 다윗의 모습을 보며, 리더십에 대해 무엇을 배웠습니까?

22다윗이 사울에게 맹세하매
사울은 집으로 돌아가고 다
윗과 그의 사람들은 요새로
올라가니라

마 무 리

무엇이 리더를 만듭니까? 우리는 지금까지의 공부를 통해 리더십의 특징들을 살펴보았으며, 다윗의 삶을 공부하면서 모든 특징이 하나로 요약되는 것을 발견했습니다. 진정한 리더는 하나님의 마음에 합한 사람이어야 한다는 사실입니다.

리더에 대한 세상적 기준은 좋은 학교를 나왔느냐, 좋은 동네에 살고 있느냐, 좋은 가문 출신이냐, 사회적 지위가 높으냐, 잘 생겼느냐, 좋은 시스템을 따르고 있느냐 등을 포함합니다. 그러나 하나님은 리더를 세우실 때 외적 조건을 보지 않으시고 그 중심을 살피십니다.

다윗의 인생을 보면 올바른 마음은 저절로 길러지는 것이 아님을 알 수 있습니다. 건강한 마음은 시련과 어려움을 주시는 하나님에 의해 만들어집니다. 다윗은 사나운 곰과 사자를 무찌르고 거인을 무너뜨리고 수많은 왕을 무찌를 때도 온전히 하나님을 신뢰했습니다. 도전과 위기가 찾아올 때도 다윗은 하나님의 방법대로 행동했고, 하나님의 권위에 온전히 순종하며 믿음으로부터 나오는 힘과 용기를 보여주었습니다.

여러분은 어떻습니까? 여러분의 삶은 여러분이 하나님을 깊이 인격적으로 알고 있음을 드러냅니까? 여러분의 리더십에는 하나님의 마음에 합하려는 노력이 있습니까? 또한 하나님께서는 어떤 상황에서도 우리에게 가장 좋은 것을 주시며 하나님의 영광을 드러내시리라는 믿음이 드러납니까?

제 6 과

지난 과에서는 다윗이 위대한 리더이자 '하나님 마음에 합한 사람'이 될 수 있었던 자질에 대해 살펴보았습니다. 그러나 다윗도 결코 완벽한 사람이 아니었습니다. 다윗을 통해 리더로서의 약점을 어떻게 다루어야 하는지에 대한 통찰력을 얻고 하나님을 더 깊이 알게 될 것입니다.

관찰

지난 과에서는 목동이자 미래의 왕으로서 젊은 다윗의 성품에 대해 살펴보았습니다. 이번 과에서는 다윗이 왕위에 오른 후, 중년의 삶을 살펴보도록 하겠습니다.

인도자: *사무엘하 11:1-5을 소리 내어 읽어보십시오.*

- *그룹원들에게* ***다윗(David)****과 그 대명사가 등장할 때 큰 소리로 합창하고 대문자 D를 표시하라고 요청하십시오.*

토론

- 이 이야기는 어느 해에 일어난 일입니까?

- 1절에 의하면, 이 시기에 왕의 역할은 무엇입니까?

사무엘하 11:1-5

1그 해가 돌아와 왕들이 출전
할 때가 되매 다윗이 요압과
그에게 있는 그의 부하들과
온 이스라엘 군대를 보내니
그들이 암몬 자손을 멸하고
랍바를 에워쌌고 다윗은 예
루살렘에 그대로 있더라

2저녁 때에 다윗이 그의 침상
에서 일어나 왕궁 옥상에서
거닐다가 그 곳에서 보니 한
여인이 목욕을 하는데 심히
아름다워 보이는지라

3다윗이 사람을 보내 그 여
인을 알아보게 하였더니 그
가 아뢰되 그는 엘리암의 딸
이요 헷 사람 우리아의 아내
밧세바가 아니니이까 하니

• 다윗 왕은 어디에 있었습니까?

4다윗이 전령을 보내어 그
여자를 자기에게로 데려오게
하고 그 여자가 그 부정함을
깨끗하게 하였으므로 더불어
동침하매 그 여자가 자기 집
으로 돌아가니라

• 본문에 묘사된 다윗의 행동을 간단하게 설명해 보십시오.

5그 여인이 임신하매 사람을
보내 다윗에게 말하여 이르
되 내가 임신하였나이다 하
니라

• 본문에 의하면, 다윗의 마음에 가장 우선으로 생각하고 있는 것은 무엇입니까?

• 다윗의 젊은 날의 행동과 그의 비전을 상기해볼 때 지금과 다른 점은 무엇입니까?

관찰

인도자: *사무엘하 11:6-13을 소리 내어 읽어보십시오. 그리고 다음의 작업을 하라고 요청하십시오.*

- ***다윗(David)****과 그 대명사 및 동의어에 대문자 D를 표시하십시오.*
- ***우리아(Uriah)****와 그 대명사에 대문자 U를 표시하십시오.*

토론

- 본문에 나오는 다윗의 행동과 우리아의 반응을 간단하게 설명해보십시오.

사무엘하 11:6-13

6다윗이 요압에게 기별하여
헷 사람 우리아를 내게 보내
라 하매 요압이 우리아를 다
윗에게로 보내니

7우리아가 다윗에게 이르매
다윗이 요압의 안부와 군사
의 안부와 싸움이 어떠했는
지를 묻고

8그가 또 우리아에게 이르되
네 집으로 내려가서 발을 씻
으라 하니 우리아가 왕궁에
서 나가매 왕의 음식물이 뒤
따라 가니라

9그러나 우리아는 집으로 내
려가지 아니하고 왕궁 문에
서 그의 주의 모든 부하들과
더불어 잔지라

10어떤 사람이 다윗에게 아뢰
되 우리아가 그의 집으로 내
려가지 아니하였나이다 다윗
이 우리아에게 이르되 네가
길 갔다가 돌아온 것이 아니
냐 어찌하여 네 집으로 내려
가지 아니하였느냐 하니

• 본문을 통해 다윗과 우리아에 대해 무엇을 배웠습니까? 두 사람은 각각 자신이 맡은 책임을 어떻게 수행합니까? 여러분의 대답을 설명해 보십시오.

11우리아가 다윗에게 아뢰되
언약궤와 이스라엘과 유다가
야영 중에 있고 내 주 요압과
내 왕의 부하들이 바깥 들에
진 치고 있거늘 내가 어찌 내
집으로 가서 먹고 마시고 내
처와 같이 자리이까 내가 이
일을 행하지 아니하기로 왕
의 살아 계심과 왕의 혼의 살
아 계심을 두고 맹세하나이
다 하니라

• 본문에 기록된 사건들을 통해 드러나는 다윗과 우리아의 마음을 비교해보십시오.

12다윗이 우리아에게 이르되
오늘도 여기 있으라 내일은
내가 너를 보내리라 우리아
가 그 날에 예루살렘에 머무
니라 이튿날

관찰

이때까지도 다윗은 밧세바가 잉태한 아이가 우리아의 아이로 받아들여지기를 바랐습니다. 다윗은 자신의 간음을 숨기려다 우리아가 책략대로 움직이지 않자 더 큰 죄를 짓습니다.

인도자: *사무엘하 11:14-18, 26-27을 소리 내어 읽어보십시오. 다음 단어들이 등장할 때 그룹원들에게 큰 소리로 합창하고 다음의 표시를 하라고 요청하십시오.*

- ***다윗(David)**과 그 대명사 및 동의어에 대문자 D를 표시하십시오.*
- ***우리아(Uriah)**와 그 대명사에 대문자 U를 표시하십시오.*

토론

- 본문에 묘사된 사건을 간단하게 설명해보십시오.

- 다윗이 요압에게 내린 명령에는 궁극적으로 어떠한 목적이 있었습니까?

13다윗이 그를 불러서 그로
그 앞에서 먹고 마시고 취하
게 하니 저녁 때에 그가 나가
서 그의 주의 부하들과 더불
어 침상에 눕고 그의 집으로
내려가지 아니하니라

사무엘하 11:14-18, 26-27

14아침이 되매 다윗이 편지를
써서 우리아의 손에 들려 요
압에게 보내니

15그 편지에 써서 이르기를
너희가 우리아를 맹렬한 싸
움에 앞세워 두고 너희는 뒤
로 물러가서 그로 맞아 죽게
하라 하였더라

16요압이 그 성을 살펴 용사들이 있는 것을 아는 그 곳에 우리아를 두니

- 다윗의 책략을 볼 때 그의 마음 상태는 어떠합니까? 다윗을 이끄는 동기와 감정을 어떻게 특징지을 수 있습니까?

17그 성 사람들이 나와서 요압과 더불어 싸울 때에 다윗의 부하 중 몇 사람이 엎드러지고 헷 사람 우리아도 죽으니라

18요압이 사람을 보내 그 전쟁의 모든 일을 다윗에게 보고할새

- 율법은 간음을 저지른 두 사람 모두 죽음에 해당한다고 말합니다. 다윗이 자신의 행동으로 인한 결과를 생각했을 때 이러한 상황에서 어떤 다른 선택을 할 수 있겠습니까?

26우리아의 아내는 그 남편 우리아가 죽었음을 듣고 그의 남편을 위하여 소리 내어 우니라

27그 장례를 마치매 다윗이 사람을 보내 그를 왕궁으로 데려오니 그가 그의 아내가 되어 그에게 아들을 낳으니라 다윗이 행한 그 일이 여호와 보시기에 악하였더라

• 27절에 의하면, 하나님께서는 이 상황을 어떻게 생각하십니까?

관찰

인도자: *사무엘하 12:1-14을 소리 내어 읽어보십시오. 다음 단어들이 등장할 때 그룹원들에게 큰 소리로 합창하고 다음의 표시를 하라고 요청하십시오.*

- ***나단(Nathan)****과 그 대명사에 대문자 N을 표시하십시오.*
- ***다윗(David)****과 그 대명사에 대문자 D를 표시하십시오.*
- ***여호와(the Lord)****와 그 대명사에 세모△를 그리십시오.*

토론

• 나단과 그 대명사에 표시를 하면서 무엇을 배웠습니까?

사무엘하 12:1-14

1여호와께서 나단을 다윗에
게 보내시니 그가 다윗에게
가서 그에게 이르되 한 성읍
에 두 사람이 있는데 한 사
람은 부하고 한 사람은 가난
하니

2그 부한 사람은 양과 소가
심히 많으나

3가난한 사람은 아무것도 없
고 자기가 사서 기르는 작은
암양 새끼 한 마리뿐이라 그
암양 새끼는 그와 그의 자식
과 함께 자라며 그가 먹는 것
을 먹으며 그의 잔으로 마시
며 그의 품에 누우므로 그에
게는 딸처럼 되었거늘

4어떤 행인이 그 부자에게
오매 부자가 자기에게 온 행
인을 위하여 자기의 양과 소
를 아껴 잡지 아니하고 가난
한 사람의 양 새끼를 빼앗아
다가 자기에게 온 사람을 위
하여 잡았나이다 하니

• 누가 나단을 다윗에게 보냈습니까? 그 이유는 무엇입니까?

5다윗이 그 사람으로 말미암
아 노하여 나단에게 이르되
여호와의 살아 계심을 두고
맹세하노니 이 일을 행한 그
사람은 마땅히 죽을 자라

• 나단의 이야기를 들은 다윗의 처음 반응은 어떠했습니까?

6그가 불쌍히 여기지 아니하
고 이런 일을 행하였으니 그
양 새끼를 네 배나 갚아 주어
야 하리라 한지라

• 7–8절에 의하면, 다윗은 어떻게 지금의 권력을 갖게 되었습니까?

7나단이 다윗에게 이르되 당
신이 그 사람이라 이스라엘
의 하나님 여호와께서 이와
같이 이르시기를 내가 너를
이스라엘 왕으로 기름 붓기
위하여 너를 사울의 손에서
구원하고

• 이것은 현재 여러분이 섬기는 리더로서의 직분과 어떻게 연관됩니까?

8네 주인의 집을 네게 주고
네 주인의 아내들을 네 품에
두고 이스라엘과 유다 족속
을 네게 맡겼느니라 만일 그
것이 부족하였을 것 같으면
내가 네게 이것 저것을 더 주
었으리라

• 9절에 의하면, 다윗이 지은 죄의 뿌리는 어디에 있습니까?

9그러한데 어찌하여 네가 여
호와의 말씀을 업신여기고
나 보기에 악을 행하였느냐
네가 칼로 헷 사람 우리아를
치되 암몬 자손의 칼로 죽이
고 그의 아내를 빼앗아 네 아
내로 삼았도다

10이제 네가 나를 업신여기고
헷 사람 우리아의 아내를 빼
앗아 네 아내로 삼았은즉 칼
이 네 집에서 영원토록 떠나
지 아니하리라 하셨고

INSIGHT

나단은 다윗이 '여호와의 말씀을 업신여겼다'(9절)라고 말했다. 즉 하나님의 말씀을 그에 합당한 권위로 인정하지 않고 가벼이 여겼다는 의미이다. 우리가 무엇을 결정할 때 하나님의 기준과 지시가 아닌 자신의 생각과 논리를 따르는 행동은 하나님의 말씀을 멸시하는 것이다.

11여호와께서 또 이와 같이
이르시기를 보라 내가 너와
네 집에 재앙을 일으키고 내
가 네 눈앞에서 네 아내를 빼
앗아 네 이웃들에게 주리니
그 사람들이 네 아내들과 더
불어 백주에 동침하리라

- 하나님은 다윗의 죄를 어떻게 심판하셨습니까? 하나님은 나단을 통해 어떠한 결과가 나타날 것이라고 말씀하셨습니까?

12너는 은밀히 행하였으나 나
는 온 이스라엘 앞에서 백주
에 이 일을 행하리라 하셨나
이다 하니

13다윗이 나단에게 이르되 내
가 여호와께 죄를 범하였노
라 하매 나단이 다윗에게 말
하되 여호와께서도 당신의
죄를 사하셨나니 당신이 죽
지 아니하려니와

- 다윗은 나단의 심판 메시지를 듣고 어떻게 반응했습니까?

14이 일로 말미암아 여호와의
원수가 크게 비방할 거리를
얻게 하였으니 당신이 낳은
아이가 반드시 죽으리이다
하고

• 이 반응을 볼 때, 다윗의 마음이 어떠했던 것 같습니까?

• 다윗이 자신의 행동에 책임을 지려하자 하나님은 어떻게 반응하셨습니까?

관찰

지금까지 배운 내용을 바탕으로 사울이 이와 비슷한 죄를 지었을 때 어떻게 행동했는지 다시 살펴보겠습니다.

인도자: *사무엘상 15:19–30을 소리 내어 읽어보십시오. 다음 단어들이 등장할 때 그룹원들에게 큰 소리로 합창하고 다음의 표시를 하라고 요청하십시오.*

사무엘상 15:19–30

19어찌하여 왕이 여호와의 목소리를 청종하지 아니하고 탈취하기에만 급하여 여호와께서 악하게 여기시는 일을 행하였나이까

20사울이 사무엘에게 이르되
나는 실로 여호와의 목소리
를 청종하여 여호와께서 보
내신 길로 가서 아말렉 왕 아
각을 끌어 왔고 아말렉 사람
들을 진멸하였으나

21다만 백성이 그 마땅히 멸할
것 중에서 가장 좋은 것으로
길갈에서 당신의 하나님 여
호와께 제사하려고 양과 소
를 끌어 왔나이다 하는지라

22사무엘이 이르되 여호와께
서 번제와 다른 제사를 그의
목소리를 청종하는 것을 좋
아하심 같이 좋아하시겠나이
까 순종이 제사보다 낫고 듣
는 것이 숫양의 기름보다 나
으니

23이는 거역하는 것은 점치
는 죄와 같고 완고한 것은 사
신 우상에게 절하는 죄와 같
음이라 왕이 여호와의 말씀
을 버렸으므로 여호와께서도
왕을 버려 왕이 되지 못하게
하셨나이다 하니

- ***사울(Saul)**과 그 대명사에 동그라미◯를 그리십시오.*
- ***여호와의 목소리(the voice of the Lord), 여호와의 명령(the command of the Lord), 여호와의 말씀(the world of the Lord)** 등을 포함하여 **하나님의 명령을** 가리키는 구절에 구불구불한 밑줄 을 그으십시오.*

토론

- 사울은 자신의 죄에 직면하자 어떻게 반응했습니까?

• 사무엘상 15:24의 사울의 말과 사무엘하 12:13의 다윗의 고백을 비교해보십시오. 두 사람의 반응은 어떤 점이 비슷하고 어떤 점이 다릅니까?

24사울이 사무엘에게 이르되
내가 범죄하였나이다 내가
여호와의 명령과 당신의 말
씀을 어긴 것은 내가 백성을
두려워하여 그들의 말을 청
종하였음이니이다

25청하오니 지금 내 죄를 사
하고 나와 함께 돌아가서 나
로 하여금 여호와께 경배하
게 하소서 하니

26사무엘이 사울에게 이르되
나는 왕과 함께 돌아가지 아
니하리니 이는 왕이 여호와
의 말씀을 버렸으므로 여호
와께서 왕을 버려 이스라엘
왕이 되지 못하게 하셨음이
니이다 하고

27사무엘이 가려고 돌아설 때
에 사울이 그의 겉옷자락을
붙잡으매 찢어진지라

28사무엘이 그에게 이르되
여호와께서 오늘 이스라엘
나라를 왕에게서 떼어 왕보
다 나은 왕의 이웃에게 주셨
나이다

29이스라엘의 지존자는 거짓
이나 변개함이 없으시니 그
는 사람이 아니시므로 결코
변개하지 않으심이니이다
하니

30사울이 이르되 내가 범죄
하였을지라도 이제 청하옵나
니 내 백성의 장로들 앞과 이
스라엘 앞에서 나를 높이사
나와 함께 돌아가서 내가 당
신의 하나님 여호와께 경배
하게 하소서 하더라

• 사무엘상 15장에 의하면, 사울의 고백은 진실된 고백입니까? 증거를 제시하며 여러분의 대답을 설명해보십시오.

• 본문에 의하면, 사울과 하나님의 관계는 어떠했습니까? 이를 통해 사울의 마음이 어떠함을 알 수 있습니까?

관찰

시편 51편을 살펴보겠습니다. 본문은 다윗이 나단 선지자로부터 자신의 죄를 지적당한 후에 기록한 것입니다. 시편을 읽으면서 하나님께서 선택한 리더(삼상 13:14)의 특징을 기억하십시오.

인도자: *시편 51:1–4을 소리 내어 읽어보십시오. 다음 단어들이 등장할 때 그룹원들에게 큰 소리로 합창하고 다음의 표시를 하라고 요청하십시오.*

- ***하나님(God)**을 언급하는 말과 그 대명사에 세모 △를 그리십시오.*
- ***죄(sin)**, **죄악(iniquity)**, **죄과(transgressions)**와 같은 단어에 겹밑줄 ═══ 을 그으십시오.*

토론

- 죄를 언급하는 말에 표시를 하면서 무엇을 배웠습니까?
- 본문에서 다윗은 무엇을 하고 있습니까? 다윗의 마음과 하나님을 향한 그의 태도를 묘사해보십시오.

시편 51:1–4

1하나님이여 주의 인자를 따
라 내게 은혜를 베푸시며 주
의 많은 긍휼을 따라 내 죄악
을 지워 주소서

2나의 죄악을 말갛게 씻으시며
나의 죄를 깨끗이 제하소서

3무릇 나는 내 죄과를 아오니
내 죄가 항상 내 앞에 있나이다

4내가 주께만 범죄하여 주의
목전에 악을 행하였사오니 주
께서 말씀하실 때에 의로우시
다 하고 주께서 심판하실 때
에 순전하시다 하리이다

• 다윗이 고백한 하나님의 성품에 대해 정리해보십시오.

• 이러한 하나님의 성품은 다윗이 처한 상황에 어떤 빛을 비춥니까? 또한 죄를 바라보는 그의 관점에 어떠한 영향을 미칩니까?

시편 51:5-13

5내가 죄악 중에서 출생하였음이여 어머니가 죄 중에서 나를 잉태하였나이다

6보소서 주께서는 중심이 진실함을 원하시오니 내게 지혜를 은밀히 가르치시리이다

7우슬초로 나를 정결하게 하소서 내가 정하리이다 나의 죄를 씻어 주소서 내가 눈보다 희리이다

관찰

다윗의 회개 기도를 계속 살펴보겠습니다.

인도자: *시편 51:5-13을 소리 내어 읽어보십시오. 그룹원들에게 다음의 작업을 하라고 요청하십시오.*

- ***다윗(David)**을 가리키는 대명사에 대문자 D를 표시하십시오.*
- ***죄(sin)**와 그 동의어에 겹밑줄 ＿＿＿을 그으십시오.*
- ***하나님(God)**을 언급하는 말과 그 대명사에 세모 △를 그리십시오.*

토론

• 다윗은 하나님께서 자신에게 무엇을 원하신다고 믿었습니까?

• 다윗은 하나님께 무엇을 요구했습니까? 이를 통해 볼 때, 그의 마음은 어떠합니까?

• 다윗에 대해 알게 된 것들을 기반으로, 여러분은 그를 어떻게 표현하겠습니까? 리더로서 그가 보여준 강점과 약점은 무엇입니까?

• 여러분이 하나님 마음에 합당한 사람이 되기 위해 완벽해져야 합니까? 여러분의 대답을 설명해보십시오.

• 이스라엘의 처음 두 왕은 완벽하지 않았습니다. 하지만 다윗은 그의 약점에도 불구하고 '하나님 앞에서 은혜를 받았고'(행 7:46), 하나님으로부터 '하나님 마음에 맞는 사람'(행 13:22)이라는 평가를 받았습니다. 사울과 다윗의 차이점은 무엇입니까? 여러분의 대답을 설명해보십시오.

8내게 즐겁고 기쁜 소리를
들려 주시사 주께서 꺾으신
뼈들도 즐거워하게 하소서

9주의 얼굴을 내 죄에서 돌
이키시고 내 모든 죄악을 지
워 주소서

10하나님이여 내 속에 정한
마음을 창조하시고 내 안에
정직한 영을 새롭게 하소서

11나를 주 앞에서 쫓아내지
마시며 주의 성령을 내게서
거두지 마소서

12주의 구원의 즐거움을 내게
회복시켜 주시고 자원하는
심령을 주사 나를 붙드소서

13그리하면 내가 범죄자에게
주의 도를 가르치리니 죄인
들이 주께 돌아오리이다

마 무 리

대학에 다니는 딸이 어느 날 집에 와서는 문학 선생님이 왜 성경에 다윗이 '하나님 마음에 맞는 사람'이라고 기록되어 있는지 이해할 수 없다고 말했다고 하더군요. 심지어 다윗은 결국 강간범이자 살인자가 아니냐고 지적했답니다. 딸에게 뭐라고 대답했느냐고 묻자 딸은 이렇게 말했습니다. "그는 회개했잖아요."

딸의 대답이 바로 이스라엘의 처음 두 왕을 구분한 핵심적인 특징입니다. 또한 모든 위대한 리더와 그렇지 못한 리더를 구분하는 핵심이기도 합니다.

지금까지 살펴보았듯이, 사울과 다윗은 둘 다 죄를 지었고 하나님의 선지자에게 지적을 당했습니다. 한 사람은 자신의 죄를 인정하지 않았지만 다른 한 사람은 죄를 뉘우쳤습니다. 두 사람의 반응에 따라 하나님이 그들을 어떻게 보시는지가 결정되었습니다. 다윗은 하나님의 마음에 맞는 사람으로 인정을 받았습니다. 그가 완벽했기 때문이 아니라 죄를 회개했기 때문입니다.

모든 리더는 실수할 수 있습니다. 그러나 위대한 리더들은 자신의 잘못을 인정하고 그것을 통해 교훈을 얻습니다. 그리고 잘못을 되풀이하지 않으려 노력합니다.

우리는 다음의 성경말씀에서 리더십의 또 다른 원리를 발견합니다.

"그 해가 돌아와 왕들이 출전할 때가 되매 다윗이 요압과 그에게 있는 그의 부하들과 온 이스라엘 군대를 보내니 그들이 암몬 자손을 멸하고 랍바를 에워쌌고 다윗은 예루살렘에 그대로 있더라"(삼하 11:1).

왕이 전쟁에서 친히 군대를 이끄는 대신 다른 사람을 보냈습니다. 다윗은 자신이 있어야 할 곳에 있지 않았음으로 스스로를 실패의 길로 이끕니다. 많은 리더가 모든 것이 잘 되어가는 듯 보일 때 경계를 폅니다. 이때를 틈타 적군이 공격을 하는 것입니다.

리더십에 대한 공부를 마치면서, 우리 모두 그리스도를 따르는 자들로서 하나님이 이끄시는 대로 순종해야 한다는 사실을 명심합시다. 우리는 어두운 세상의 빛으로 부름 받았고 다른 사람들을 진리와 생명이신 예수님께로 이끌라는 명을 받았습니다.

우리는 가정에서, 직장에서, 공동체에서 리더로 부름 받았습니다. 또 우리 중 많은 사람이 교회나 다른 사역처에서 리더로 부름 받았습니다.
여러분은 다른 사람이 여러분을 억압하는 상황에서도 힘과 용기를 내어 하나님을 기쁘시게 하는 리더로서의 역할을 감당하겠습니까? 언제나 적극적이고 강력한 기도의 삶을 유지하며 하나님의 말씀에 귀 기울이겠습니까? 여러분의 결정에 책임을 지고 실수할 때는 회개하면서 믿음과 순종의 길을 걸어가겠습니까? 여러분의 리더십 아래 있는 사람들이 하나님을 따르고자 하는 비전을 품도록 그들을 독려하겠습니까?
마지막으로 여러분은 하나님의 마음에 합당한 리더가 되겠습니까?

케이 아더와 프리셉트 국제 본부 사역에 대하여

프리셉트 국제 본부의 부총재이며 공동 설립자인 케이 아더(Kay Arthur)는 성경 교사, 저술가, 강사, 미국 내 라디오와 텔레비전 프로그램의 진행자이다.

케이 아더(Kay Arthur)와 그의 남편 잭 아더(Jack Arthur) 선교사는, 1970년에 미국 테네시 주 채터누가(Chattanooga)에 프리셉트성경연구원을 설립하였다. 이들은 10대 청소년들을 위한 사역을 소규모로 시작하였는데 오늘날 프리셉트는 어린이, 청소년 그리고 성인들을 하나님의 말씀 안에 세워 그들 스스로 성경의 진리를 발견하도록 도와주기 위하여 범세계적으로 섬기고 있다. 프리셉트 귀납적 성경연구는 미국의 50개 주에서 진행되고 있고, 이 교재들은 149개국에 이르는 국가에서 70개 이상의 언어로 번역되었다.

밥 버린과 다이앤 버린 부부는 프리셉트 국제 본부에서 국제국장으로 사역을 해왔다. 그들은 전 세계를 다니며 귀납적으로 성경을 연구하는 방법을 가르쳐왔고, 국제 사역을 감독하고 있다. 이들은 16년간 프리셉트 사역에 먼저 참여했었고, 1991년부터는 직원으로 섬기고 있다. 결혼한 지 34년이 되었고 슬하에 두 아들이 있다.

데이빗(David)과 BJ 로슨(BJ Lawson)은 20년 이상 프리셉트성경연구원을 섬겨왔다. 목회를 9년 한 후, 그들은 프리셉트 국제 본부에 와서 학생 사역의 책임자이자 강사, 트레이너로 사역했다. 현재 데이빗은 교회와 프리셉트성경연구원 본부 사이의 관계를 책임지고 있으며, 귀납적 성경연구 시리즈(New Inductive Study Series)와 40분 교재 시리즈 저자로 섬기고 있다. BJ 로슨은 40분 교재 시리즈를 계속해서 쓰고 있으며, 프리셉트 교재를 가르치고 있다. 또한 이 시리즈들의 주편집자로, 그리고 개발자로 섬기고 있다.

위대한 리더

어떻게 하나님의 마음에 합한 리더가 될 수 있나요?

Precept

저자 | 케이 아더 · 데이빗 & BJ 로슨
역자 | 이선숙

초판 1쇄 | 2013년 7월 20일

발행인 | 김경섭
국제총무 | 최복순
총무 | 김상현 기획국장 | 김현욱
사역부 | 박상철 서적부 | 양재성, 신충경
편집부 | 조학경(실장), 박은실(팀장/디자인), 김지혜, 허윤희(편집)

발행처 | 프리셉트선교회
등록번호 | 108-82-61175
일부총판 | (사) 두란노서원 Tel. (02) 2078-3333 Fax. 080-749-3705

서울시 동작구 사당5동 190-220 (우) 156-095
Tel. (02) 588-2218 Fax. (02) 588-2268 www.precept.or.kr
국민은행 772-21-0310-382(김경섭)

값 3,800원
ISBN 978-89-8475-584-0 04230
ISBN 978-89-8475-491-1 04230(세트)

독자 여러분의 의견을 기다립니다.
독자 전화 (02) 588-2218 / pmnqt@hanmail.net